| A CASE STUDY APPROACH TO ETHICS IN CAREER DEVELOPMENT |

진로상담 윤리: 이론과 사례 연구

Julia Panke Makela, Jessamyn G. Perlus 저
양명주 역

박영사

저자서문

초판 서문으로부터

여러분은 이 교재가 제공하는 성찰과 발견의 따뜻한 여정에 초대되었다. 이 책에서 여러분은 진로전문가가 직면하는 윤리적 문제해결을 위한 결정적 방법, 정답 또는 지름길을 얻지 못할 수도 있다. 그러나 적어도 이 교재의 구체적 내용들은 오늘날 진로발달 전문가들이 현장에서 겪는 가장 까다로운 문제들을 다룰 수 있도록 돕는 협력적이고 지속적인 방법을 안내하고 있다. 나는 우리가 윤리적 문제해결 전략을 적극적으로 성찰하고, 현장의 윤리적 딜레마에 적용하며, 업무 환경과의 접목을 위해 토론할 수 있는 협력 관계를 제안한다(진로발달 윤리 사례 연구: 회색 영역의 탐색, 2009).

제2판의 소개

이 책 NCDA 윤리 사례 연구 교재 2판은 초판의 영혼과 설계에 맞닿아있다. 초판 서문에서 밝힌 바와 같이 이 교재는 환영받고 능동적인 학습과 성찰을 위해 만들어진 자원이다. 우리가 당면한 문제들은 도전적이며 때로는 단일 해결책 제시가 어렵다. 그러나 진로전문가들이 모여 다양한 경험, 반응, 예상 결과, 접근 방법에 대해 토론함으로써 현장에서 불가피하게 발생하는 윤리적 딜레마 직면에 앞서 우리의 실무역량을 한층 높일 수 있는 윤리적 민감성을 고취시킬 수 있다.

진로전문가를 위해 특별히 고안된 윤리적 사례 연구 아이디어는

2007년에 NCDA 윤리강령을 대폭 개정할 때 제안되었다. 당시 11명의 NCDA 윤리위원회 전문가와 2년간 토론했던 저자들은 이 새로운 교재가 협회 회원들에게 큰 의미와 더불어 쉽게 접근할 수 있도록 열정적으로 작성에 임했다. 심층적 논의를 동반한 사례 연구의 필요성은 2007년 NCDA 윤리강령이 지침 목록 이상의 역할을 할 수 있도록 돕고 우리의 전문적 수행 기반으로의 영향력을 극대화하기 위해 제시되었다. 현재까지 초판 교재에 근거하여 진로전문가들이 보낸 피드백은 매우 긍정적이었으며, 이 토대 위에 2판을 제작할 동기를 주었다. 본 2판 교재는 끊임없이 변화하는 우리 주변 세계, 새로운 상황, 윤리적 문제, 진로전문가 지도의 필요성을 반영하였다. 초판이 발간된 지 5년이 지난 지금, NCDA 윤리위원회는 진로 분야의 발전을 감안하여 다시 1년 동안 윤리지침을 검토하고 수정하는 작업을 진행하였다. 2015 NCDA 윤리강령의 근간은 이전 버전과 변함이 없었고, 대부분 활용도 제고와 자원 범위 확장을 위한 사소한 변경만 이루어졌다. 지난 10년 동안 진로발달 분야는 기술, 온라인 진로서비스, 소셜미디어 영역에서 괄목할 만한 성장을 보였다. 우리는 이 윤리 사례 연구 교재가 NCDA 최신 윤리강령과 일치하고, 현 시대의 이슈를 인식하고, 현재의 자원과 연결되는 것이 매우 중요하다고 생각했다.

본 교재는 2015 NCDA 윤리강령을 기반으로 진로전문가들에게 광범위한 정보를 제공하기 위한 노력의 일환으로 작성되었다. 이 책은 윤리적 의사결정과정, NCDA 윤리강령의 역사와 맥락, 다양한 협회 및 전문 단체의 지침 통합 전략, 탐구 가능한 풍성한 사례 연구 자원, 이러한 아이디어를 일상적인 진로발달 업무에 적용하기 위한 방법들을 제시한다. 이 교재는 진로전문가들이 직면하는 힘든 상황에 매우 잘 적용할 수 있도록 제작되었다.

저자 Julia Panke Makela, Jessamyn G. Perlus

역자서문

이 세상 모든 것은 성장하고 성숙할 수 있다. 그 주체는 한 개인일 수 있고, 개인이 속한 직장, 기업뿐 아니라 특정 직업군이 될 수도 있다. 바쁜 일상생활 중에 종종 역자를 포함하여 우리가 몸담고 있는 진로상담이라는 직업군은 현재 어느 성숙 단계에 와 있는지 생각해 본다.

진로상담이라는 분야가 국내에 처음 알려지기 시작한 20여 년 전과 비교해 볼 때 그 양적 성장은 실제 비약적이라 할 만하다. 실로 많은 전문가들이 양성되었고 활동하고 있다. 그러나 한편으로 이런 무서울 정도의 양적 성장은 과연 우리가 올바른 방향으로 가고 있는 것일까라는 긍정적인 두려움을 갖게도 한다. 특히 다양한 활동 배경을 갖고 있는 전문가들이 함께 속해 있는 진로상담 기준들이 특성상, 업무 수행에 관해 이해상충되는 옳고 그름에 대한 기준이 다듬어지지 않은 채 공존하고 있다. 이해상충되는 많은 기준들이 공존한다는 말은 아직 그 구성원들이 자기 개인의 가치를 기준으로 업무에 임하고 있다는 얘기이고, 공통의 전문가 가치를 도출하기 위한 합의가 이루어지지 않았다는 의미이기도 하다.

이런 상황에서 역자는 국내 진로상담전문가와 실무자들이 합의된 국내 진로상담 윤리를 도출하기 위한 단초를 제공하고자 한다. 그 첫 발걸음으로 역자는 우리보다 먼저 전문가 윤리를 마련한 미국 National Career Development Association에서 사용하는 진로상담사 진로상담 윤리 훈련 교재를 번역하기로 결정하였다. 이 교재는 진로상담사가 현장에서 자주 경험할 수 있는 대표적인 8가지 사례를 선정한 후 그 해결과정에 필요한 실제적인 팁들에 대한 설명을 싣고 있다. 선정된 사례는 고전적이나 지속적인 다중관계 관련 이슈부터 SNS와 온라인 가상 아바타를 활용한 진로상담 영역까지 다루고 있는데, 이는 진로상담이 최첨단의 과학 기술 수준과 함께 발맞추어 가야만 하는 직업군이라는 것을 다시 한번 깨닫게 하는 계기가 되었다. 또한 세부 윤리강령들이 어떠한 기본 철학적 전제 위에 세워졌는지에 대해서도 심층적인 내용을 싣고 있어 오랜 시간 축적되어 온 철학적 자산과 최신의 기술 자산이 동시에 함축된 내용을 배울 수 있을 것이다. 또한 역자는 국내 최초로 미국 NCDA 윤리강령 전문을 번역하여 이 책에 실었다. 실생활에서 진로상담전문가 윤리에 익숙하지 않은 대학, 기업 등의 소속 구성원들과 함께 일하고 그들을 설득해야 할 때 이 책에 실린 진로상담 윤리강령 전문은 내담자뿐 아니라 우리 개인과 소속 기관, 전문가 집단을 보호해주는 중요한 자원과 수단이 될 것이다.

　최종 목표는 국내 고유의 맥락이 반영된 진로상담 윤리강령을 만드는 것이다. 그러나, 앞서간 다른 나라의 윤리강령의 내용과 그 제정과정, 시행착오를 이해하고 살펴보는 일은 보다 나은 국내 상담 윤리강령 제정을 위한 좋은 출발점이 될 것으로 믿는다.

　마지막으로 진로상담 업계에서 상담 윤리의 중요성과 필요성을 알아보고 적극적으로 일을 추진해 주신 박영사 장규식 과장님과 정성스러운 편집을 해준 조보나 대리님에게 고마움을 마을을 전한다. 아울러, 상담전문가가 아님에도 높은 수준의 철학적 화두를 던져주고, 길었던 번역의 시간을 함께 감내해준 남편에게 고마운 마음을 전한다.

역자　양명주

목 차

1장

소개 및 윤리적 기반

소개 및 윤리적 기반

　　본 장은 이 교재가 제공하는 윤리적 의사결정을 위한 여정의 무대를 마련한다. 우리는 다양한 프로그램과 서비스를 통해 진로발달 분야에서 특출나고 소중한 서비스를 제공하는 다양한 사람들을 목표 대상으로 하여 초대장을 보내는 것으로 첫 출발을 하고자 한다. 다음은 본 교재에서 안내한 목적을 인식하는 것으로, 실무현장에서 윤리적 민감성을 증진시키려는 예방적 접근을 위해 자원을 구성하는 것이다. 윤리적 딜레마의 출처와 더불어 윤리적 기반과 원칙에 대한 논의는 우리가 살고 일하는 복잡한 현실 세계에서 발생하는 도전에 적절히 대응하기 위한 적극적인 성찰에 동기를 부여한다. 이러한 맥락에서 우리는 윤리적 딜레마가 종종 단일한 최선의 해결책이 없는 도전적인 질문을 진로전문가들에게 던진다는 것을 받아들인다. 그러나 이것이 반드시 부정적인 경험은 아니다. 윤리적 딜레마는 전문 실무영역에서 개인이 진로전문가로 성장하고 배울 수 있는 기회를 제공하기도 한다.

목표 대상

　　본 교재는 진로전문가들을 위해 쓰여졌다. 2015 NCDA 윤리강령이 정의한 진로전문가는 진로상담사, 진로코치, 진로컨설턴트, 진로발달 조력자, 그 밖에 사람의 진로발달 촉진 서비스 제공을 위해 훈련받고 경험이 있는 모든 사람을 포함한다. 이러한 개인은 다양한 역량(예: 자문, 코치, 상담교육자, 상담자, 경영자, 촉진자, 심리학자, 수퍼바이져)을 가지고 여러 세팅(예: 대학과 종합대학, 정부, K－12 학교, 민간기업, 민간 실무기관, 연구기관, 인력 개발 부서)아래서 활동하고 있다. 또한, 진로전문가들은 다양한 교육 및 훈련 배경을 가지고 업무에 투입되는데, 그 범위에는 상담과 심리학 분야 박사학위와 석사학위부터 관련 자격증 프로그램, 특정 서비스 제공을 위한 집중훈련 과정이 포함된다. 본 교재에 제시된 윤리적 토론은 다양한 역할, 세팅, 훈련 배경에서 사례를 도출하였기 때문에 전 분야에 걸친 진로전문가들이 겪는 독특한 도전과 기회를 강조한다. 광범위한 전문가들을 대상으로 하는 목적은 개인, 지역사회 및 사회의 진로발달을 촉진하기 위해 헌신하는 모든 사람들의 업무에 쓰일 수 있는 유용한 자원을 제공하기 위해서이다.

이 교재는 진로발달 분야에 포함되는 다양한 전문기술과 전문성을 수용하는 한편 개인이 자신의 전문자격과 역량의 범위 내에서 업무를 수행하는 것이 중요함을 강조하는데, 이 범위는 정규교육, 특정 역할과 세팅 실무경험에 의해 규정된다. 이 교재에 나타난 다른 실무 영역 간 존중은 2015 NCDA 윤리강령에 제시된 진로상담 서비스(관련 교육 및 경험이 있지만 반드시 상담 관련 대학원 학위가 있는 것은 아닌 사람이 제공)와 진로계획 서비스(관련 훈련 및 경력을 가졌지만 상담관련 학위는 없는 사람에 의해 진행)를 구분하게 했는데, 강령에는 다음과 같이 명시되어 있다.

"진로계획" 서비스는 "진로상담" 서비스와 차별화된다. 진로계획 서비스에는 이력서 검토, 네트워킹 전략 지원, 가치관, 흥미, 기술, 업무 경력과 기타 특성에 기반한 직업 탐색, 구직활동 지원, 지필 또는 온라인 기반 흥미, 능력, 성격, 직업가치관과 기타 특성 도구

사정 등 특정한 요구를 가진 고객을 돕기 위해 설계된 정보를 적극적으로 제공하는 활동을 포함한다. '진로상담'은 이러한 정보제공 외에도 고객과의 전문적 상담 관계 확립을 기반으로, 진로계획 이상의 진로와 개인적 성장 관련 염려를 가진 고객 조력 역량을 활용해, 보다 심층적 수준의 개입을 포함한다. '진로계획'이나 '진로상담'에 속한 모든 진로전문가들은 전문역량과 자격 범위에 해당하는 서비스만을 제공한다(강령 A.1.b).

2014년 11월, NCDA는 회원들이 "진로상담" 및 "진로계획" 서비스 제공을 위한 전문적 역할 수행 준비를 돕기 위해 공식화된 교육과 훈련의 일환으로 회원 자격 지정 제도를 발표하였다(NCDA, n.d). 진로상담 역할 전문가는 상담학 석사 이상 학위 취득 또는 석사학위 취득 후 진로발달 분야에서의 5년 경력(감독된 진로상담 수련 포함)을 통해 "진로상담사" 자격을 취득하거나, 추가적인 전문 훈련 후에 마스터 진로상담사 자격 취득이 가능하다. "진로계획" 서비스 제공 전문가에게는 두 가지 자격 취득이 가능하다. '진로전문가' 자격은 상담 외 분야 학사 이상 학위 취득자 중 NCDA GCDF(Global Career development Facilitator) 양성 프로그램 이수 또는 진로발달 분야에서 수퍼바이져 감독 하에 1년 경력 중 하나를 충족할 때 취득할 수 있다. '마스터 진로전문가' 자격은 상담 이외 분야 석사학위 취득 후 진로발달 분야에서 5년의 경력과 더불어 NCDA GCDF 양성 프로그램 이수 또는 수퍼비젼 경력 1년 중 하나를 충족해야 한다.

훈련, 초점, 서비스 제공 관련 차이점은 주로 진로발달 분야의 광범위한 다양성과 범위에 대한 올바른 인식을 제시하기 위해 본 교재에서 언급한다. 본 교재에서는 어느 한 유형의 진로발달 서비스가 다른 유형보다 더 중요하거나, 한 유형의 진로발달 전문가가 다른 사람보다 우선적인 기여를 한다고 제안할 의도는 전혀 없다. 모든 진로전문가들은 이 토론에서 환영받으며 그들이 제공하는 독특하고 소중한 공헌으로 존중받는다. 우리 분야의 영향력을 높이기 위해서는 각 진로전문가가 제공하는 전문분야가 필요하다. 본 교재의 접근방식은 2015 NCDA 윤리강령의 목적 선언문을 반영하고 있으며, 이 선언문은 "모든 [NCDA] 회원이 진로발달 분야에서 기여하고 있는 가치 있는 공헌"(p.2)을 명확하게 인정하고 있다.

기본틀 안내

이 교재는 진로발달 전문가들의 작업과 관련하여 "긍정 윤리"의 접근 방법의 틀을 사용한다. 긍정 윤리는 위험을 관리하고, 규칙과 규정을 준수하며, 위반 행위를 처벌하는 데 초점을 맞추는 전통적인 접근 방식과 균형을 이루는 역할을 한다. 이는 주로 전문가들이 징계조치를 피하기 위한 최소한의 요건을 충족하도록 동기를 부여하는 접근방식이다 (Handelsman, Knapp, & Gottlieb, 2002; Sperry, 2007). 의사소통 차단의 잠재적 가능성이 있는 윤리 규정에 대한 처벌중심적 접근 대신에, 긍정 윤리는 복잡한 현실 상황에 대한 내적, 외부적 영향 모두를 탐구하도록 개방적이고 교육적인 접근을 장려한다. 전문가들은 자신의 가치와 열망을 탐구하도록 격려받고, 윤리적 감수성을 높일 수 있는 기회를 적극적으로 활용하며, 여러 출처와 관점으로부터 배운 것을 통합하고, 그 과정에서 자아를 돌보고, 윤리적 행동과 훈련, 교육을 적극적으로 권장한다. Handelsman 등(2002)과 Zoja(2007) 같은 학자에 의해 제시된 긍정 윤리의 시작에 이어, 이 교재는 참가자가 윤리적 기반과 실제 상황에서의 적용을 적극적으로 탐구, 공유, 성찰하도록 장려한다. 본 교재의 목표는 과거의 의무적인 최소 규칙에 대한 표면적 이해를 넘어서, 효과적인 의사결정을 도와주는 심층적이고 통합된 이해를 향해 나아가는 것이다.

윤리적 업무 수행은 전문직 종사자들이 진로 전반에 걸쳐 지식과 기술을 향상시키는 "발전적 과정"(Sperry, 2007, p.9)의 일환으로 간주된다. 우리를 둘러싼 세계가 끊임없이 새롭고 낯선 상황, 맥락, 도전들을 제시하기 때문에 학습과 성장은 항상 존재한다.

> 전문가들은 자신의 가치와 열망을 탐구하고, 윤리적 감수성을 높일 수 있는 기회를 적극적으로 추구하며, 여러 출처와 관점으로부터 배운 것을 통합하고, 그 과정에서 자아를 돌보고, 적극적으로 윤리적 행동과 훈련, 교육에 참여할 것이 요구된다.

윤리의 기반

이 교재의 나머지 부분은 진로발달 전문가의 실무적 관점에서 윤리를 이해하기 위한 기본틀을 설명한다. 2015 NCDA 윤리강령과 함께 전문 조력 직업에서 윤리적 선택을 위한 핵심 정의와 기본 원리가 설명된다. 이 장은 윤리적 딜레마의 근원을 탐구함으로써, 왜 모든 진로전문가들이 윤리적 딜레마를 효과적으로 다루기 위해 그들의 기술을 연마해야 하는지를 인식함으로써 끝을 맺는다.

주요 용어 정의. 윤리, 도덕, 합법성, 전문성과 같은 용어는 무엇이 선과 악이고, 옳고 그른지에 대한 판단과 밀접한 관계가 있기 때문에 인간의 행동과 조력 영역에서 종종 혼동되고, 상호 교환적으로 사용된다. 그러나 이들 용어의 목적적 정의에는 개인이 진로전문가 경험을 쌓아가면서 고유한 기여를 인정할 수 있는 장점이 있다. 이 절은 전문 윤리강령의 적용 관련 논의와 5장에서 제공하는 사례 시나리오와 토론을 안내하는 윤리의사결정 프레임워크를 보강하는 핵심 용어를 정의한다.

윤리. 윤리는 사회적 집단의 일원으로 "사람들이 상대방에 대해 어떻게 행동할지"에 대한 가치의 제도적 판단을 포함한다(Kitchener & Anderson, 2011, p.2). 이러한 판단은 본질적으로 맥락, 문화, 관습에 의해 영향을 받으며, 집단이 새로운 경험과 성장 기회를 겪게 됨에 따라 달라질 수 있다. 전문협회의 윤리규범과 표준문서는 회원들이 보여주기에 적합한 행동에 대한 집단 최선의 성찰과 합의의 표현으로 작용한다(Remley & Herlihy, 2001). 이러한 행동들은 전문성이 염원하는 이상을 진술할 뿐 아니라 일련의 지침과 정당화로 표현된다.

도덕성. 윤리가 외부 사회 집단에 의해 결정되는 가치 판단을 설명하는 반면, 도덕과 도덕적 가치는 무엇이 선과 악이고, 옳고 그른지에 관한 일련의 내재화된 행동 지침이다(Purtillo & Doherty, 2011). 도덕적 가치의 토대가 되는 추론은 양육, 문화, 교육, 종교적 또는 영적 신념과 같은 삶의 경험에서 파생된 사회적 규범에 기초한다(Remley & Herlihy, 2001). 도덕적 추론은 또한 다양한 인지발달 단계와 관련이 있는데, 이것은 사람들이 자신 주위 세계에 의미를 부여하는 방식에 영향을 미친다(Gilligan, 1977; Kolhberg, 1984).

일상생활 경험에 깊이 뿌리박힌 도덕적 가치는 습관이나 반사적 반응처럼 빠르게 성찰 없는 행동에 영향을 미칠 수 있다. 일반적인 도덕적 진술의 예에는 다음이 있다: (a) 약속을 지키고, (b) 거짓말을 하지 않으며, (c) 어린이를 돌보고, (d) 다른 사람에게 고통을 주지 않는다(Beauchamp & Childress, 2013). 어려움은 두 도덕적 가치관이 서로 충돌할 때(예: 다른 사람에게 고통을 줄 수 있는 진실을 말할 상황을 어떻게 다루느냐) 또는 두 사람의 도덕적 가치에 대한 이해가 충돌할 때(예: "지켜야 할 약속"에 대한 이해의 차이) 발생한다. 우리 자신의 도덕성과 도덕적 가치를 성찰하는 시간을 갖는 것은 윤리적인 의사결정에 중요한데, 왜냐하면 그것은 잠재적인 딜레마를 인식하는 우리의 민감성을 높이고 적절하고 배려심 있는 대응을 모색할 동기를 제공하기 때문이다.

법. 법은 통제권자가 인간 집단 간의 화목한 생활을 용이하게 하기 위해 정한 행동 규칙이다. 법률 규칙과 윤리 기준은 일반적으로 환영받지만, 둘은 다른 목적을 위해 사용된다. "법은 사회가 용인할 수 있는 최소한의 행동 기준을 규정하고 있는 반면, 윤리는 [a] 같은 직군에 의해 기대되는 이상적인 기준을 제시한다."(Remley & Herlihy, 2001, p.3). 윤리 기준은 보통 법적 문제를 다루지만, 법이 적용되지 않는 회색 영역으로 확장되기도 한다(Wheeler & Bertram, 2015). 드물게 윤리 기준이 법적 요건과 상충될 수 있다. 이 갈등을 해결하기 위한 노력이 필요하다. 단, 해결책이 도출되지 않을 경우, "진로전문가는 모든 가용한 연방, 주, 지방과 기관 법령, 법률, 규정 및 절차의 요건을 준수해야 한다."(NCDA 윤리강령, 2015, I.1.b, p.25)

전문성. 전문성은 윤리적, 법적 행동을 포괄하는 광범위한 개념일 뿐만 아니라 특정 분야에서 역량 발달과 관련된 특성들 중 중요한 요인이다(Remely & Herlihy, 2001). 윤리적, 법적 행위 관련하여 Kitchener와 Anderson(2011)은 (a) 전문적 윤리 대 (b) 개인적 가치 또는 양심에 근거한 의사결정에 따라 행동을 구분한다. 후자에서, 양심을 따른다는 것의 의미는 자기 성찰을 받아들이고 어떤 상황이 닥쳤을 때 개인적 도덕에 따라 행동한다는 것을 의미한다. 개인의 도덕과 자기 성찰은 특정 전문 집단이 최선이거나 가장 가치 있는 행동으로 규정한 지침과 상충될 수 있다. 만약 그렇다면, "개인은 전문직군의 일원이 됨으로써, 더 큰 시스템 내 자신의 위치에 의해 특정 사적 가치에 따라 행동할 권리를 포기한다."(p.9). 본질적으로, 이 전문가 집단의 구성원이 되는 선택에 따라, 개인은 집단에 의해, 집단을 위해 결정된 윤리적 틀 내에서 일하는 것을 선택한다.

전문적 역량 발달과 관련하여, 진로발달 분야 전문성의 예로는 (a)

NCDA(2009)의 석사 이상의 학위 취득 후 진로상담 서비스 제공자를
대상으로 한 11개 최소 진로상담 역량이 있고, (b) 진로전문가로 진로
조력을 제공하는 많은 개인에게 기준, 훈련 사양(상담 이외 분야 전공자
훈련) 및 자격 증명을 제공하는 GCDF(Global Career Development
Facilitator)의 12가지 최소 역량이 있다(Harris−Bowlsbey, Suddarth, &
Reile, 2005).

〈표 1.1〉 진로발달 전문역량 비교

	진로상담역량(NCDA, 2009)	GCDF 역량 (Harris-Bowlsbey, et al., 2005)
유사 역량	1. 윤리적, 법적 문제	1. 윤리적, 법적 문제
	2. 다양한 인구	2. 다양한 인구
	3. 기술	3. 기술
동일 역량	4. 진로발달이론	4. 진로발달이론
	5. 개인 및 단체 평가	5. 평가
	6. 정보 및 자원	6. 노동시장 정보 및 자원
	7. 코칭, 상담 및 성과 개선	7. 자문
	8. 프로그램 홍보, 관리, 구현	8. 홍보 및 대외관계
		9. 프로그램 관리/구현
차별 역량	9. 개인 및 단체 상담 기술	
	10. 수퍼비전	
	11. 연구 및 평가	
		10. 조력 기술
		11. 구직활동 조력 기술
		12. 고객과 동료 교육

<표 1.1>은 각 단체에서 논의된 역량을 제시하고 있다. 두 단체 모두에서 윤리적, 법적 문제, 다양성 및 기술 영역에 대해 일부 유사 역량 영역이 있다는 점을 주목해야 한다. 다른 영역은 중복되지만, 진로발달 이론과 모델, 평가, 진로정보, 자문, 프로그램 관리, 홍보 관련 주제에서는 그들의 논의에 뚜렷한 차이가 있다. 마지막으로 몇 개의 영역은 각 집단별로 뚜렷이 다르게 기재되었다. 요구되는 역량 영역을 아는 것뿐 아니라 해당 역량 범위 내에서의 실무수행은 개인의 훈련과 경험에 근거하며, 윤리적 훈련과 의사결정에 광범위하게 기여한다.

이 교재는 주로 진로발달 실무 중 윤리적 의사결정에 관한 시스템적 과정에 관심이 있다. 도덕성과 전문성은 그들이 윤리적인 의사결정을 알릴 때 활용될 것이다. 적법성 문제도 다루어지겠지만 심도 깊은 논의는 이 교재의 범위 이상임을 기억해야 한다. 법적 문제 탐구에 관심이 있는 사람들은 이 주제를 특별히 다루고 있는 자료를 탐구하기를 원할 수 있다(Jenkins, 2002; Wheeler & Bertram, 2015).

기본적 윤리 원칙

대부분의 조력 전문 직종에서 전문 윤리강령은 윤리적 행동의 근간인 6가지 원칙에 기초한다. (1) 비유해성, (2) 복지제공, (3) 자율성 존중, (4) 정의, (5) 충실성, (6) 진실성(Beauchamp & Childress, 2013; Corey, Corey, Corey, & Callanan, 2015; Kitchener, 1984; Kitchener & Anderson, 2011; Remley & Herlihy, 2001; Sperry, 2007). 각 윤리 원칙을 좀 더 자세히 살펴보고, 2015 NCDA 윤리강령 내에 어떻게 적용되고 있는지 살펴보자.

비유해성. 비유해성이란 의도적이든 비의도적이든 고객을 과도한 위험에 빠뜨리는 행동을 피함으로써 해를 끼치지 않는 것을 의미한다.

2015 NCDA 윤리강령 A.4.a에서는 "진로전문가는 고객, 학생, 교육생 및 연구 참가자에게 해를 끼치지 않으며, 피할 수 없거나 예상치 못한 가해를 최소화하거나 치유하기 위해 행동한다."(p.4)라고 명시하면서 이 원칙을 직접적으로 설명한다. 무엇이 해로움을 구성하는지의 개념은 때때로 모호하지만, 이 원칙은 일반적으로 진로전문가들에게 "다른 사람의 이익이나 웰빙이 실질적으로 감소할 수 있는 상황"을 피하도록 요구한다(Kitchener & Anderson, 2011, p.26).

복지제공. 복지제공은 비유해성의 반대 측면이다. 이 원칙은 진로전문가가 타인을 위해 적극적으로 선을 행하고 긍정적인 성장을 도모할 책임이 있음을 지적한다. 2015 NCDA 윤리강령 A.1.a은 복지제공을 진로전문가의 우선적인 책임으로 언급하고 있으며, 진로전문가는 서비스를 제공하는 개인 고객의 존엄성을 존중하고, 복지를 증진시켜야 함을 밝히고 있다(p.3).

자율성 존중. 자율성 존중은 고객 스스로 자신의 방향을 결정할 수 있는 권리를 증진하는 것을 의미한다. 자율성에는 두 가지 측면이 있는데, (a) 스스로 의사결정 할 수 있는 권리와 (b) 다른 사람을 자율적 존재로 대할 책임, 즉 고객의 선택권을 침해하지 않는 것이다(Kitchener, 1984). May(2002)는 고객을 "결정자일 뿐 아니라, 어떤 면으로는 주변 환경과 사람들의 영향을 받아 그들만의 서사를 구체화해 나가는 자기 삶의 저술가(p.xxxvi)"라고 묘사하였다. 고객들은 자신의 진로 서사를 가지고 조력을 위해 진로전문가들을 방문하지만, 내용과 방향에 대한 궁극적인 결정은 고객에게 맡겨져야 한다. 2015 NCDA 윤리강령에 명시된 바와 같이, 진로전문가들은 합리적인 성공 가능성을 제공하고 고객의 능력과 상황에 부합하는 통합 진로서비스 계획(서면 또는 구두로)을 수립하는 데 협력해야 하고... 고객의 선택의 자유를 존중한다(A.1.d, p.3).

정의. 정의란 평등과 공정성에 대한 헌신을 말한다. 정의는 진로 전문가와 개인 고객 사이의 관계부터 거대 지역에 걸친 서비스의 분배와 같은 광범위한 사회적 이슈에 이르기까지 많은 역동을 포괄한다. 정의 관련 사항은 2015 NCDA 윤리강령 차별금지(C.5, p.11), 수수료 및 사업 실무(A.9, pp.5-6), 서비스의 사회적 기여(강령 C, p.9)에서 일부 다루고 있다.

충실성과 진정성. 충실성과 진실성은 밀접하게 관련된 원칙이다. 충실성은 고객에게 한 약속을 지키는 것을 말한다. 일단 진로전문가와 고객이 자발적으로 조력 관계를 맺게 되면, "양 당사자는 일정한 의무를 갖는다."는 윤리적 약속이 이루어진다(Kitchener, 1984, p.51). 충실성 원칙이 반영된 의무 중 하나는 2015 NCDA 윤리강령 A.10.a "진로전문가들은 서비스를 제공하는 고객을 포기하거나 무시하지 않는다."라는 언급과 같이 적절한 서비스 지속 논의에서 찾을 수 있다. 진로전문가는 휴가, 질병 및 종료 후 이와 같은 방해를 받는 동안, 필요할 때 치료의 지속을 위한 적절한 일정 조율을 조력한다(p.6).

진정성은 진실성을 의미하며, 진로전문가들이 고객과의 업무에서 정직하고 투명해야 할 의무와 관련된다. 언급 역량을 증진시키기 위해 2015 NCDA 윤리강령은 다음과 같이 명시하고 있다.

> 진로전문가들은 제공하는 모든 서비스의 본질을 명확하게 고객에게 설명한다. 그들은 고객에게 서비스의 목적, 목표, 기술, 절차, 제한점, 잠재적 위험, 혜택; 진로전문가 자격, 자격 증명 및 관련 경험; 기술의 역할, 진로전문가 자격박탈 또는 사망 시 서비스의 지속; 다른 영구적 정보와 같은 사안에 대해 고지한다(A.2.b, p.3-4).

헌신적 서비스 과정에서의 진실성과 충실성은 신뢰형성의 근간이 되는 요소이기 때문에 모든 조력 직군에서 기본 요건이다(Ramsey,

1970). 신뢰 형성은 고객 성장을 가능하게 하는 조력 관계를 가능하게 한다.

이론적으로, 언급한 여섯 가지 원칙은 윤리적 결정 고려 시 동등한 비중을 갖는다. 진로전문가 세계의 잘못 구조화된 문제들이 존재하는 현실에서 평등한 균형이 불가능한 때도 있다. 예를 들어, 고지된 동의 수행이 가능한 이성적인 고객과 일할 때, 자율성 존중 원칙은 개인이 선택할 고객의 권리를 증진하는 것의 중요성을 인식하게 한다. 진로전문가는 또한 도움을 주는 행동을 하고 긍정적 성장(복지 제공)을 적극적으로 도모해야 할 책임이 있다. 진로전문가가 고객이 장기적으로 해로운 결과를 초래할 잘못된 선택을 하고 있다고 믿을 때 어떤 갈등이 일어날 수 있을까? 어떤 근본 원칙이 다른 원칙을 대체하는가? 이런 경우에 전문가 윤리강령과 윤리 의사결정 모델이 효과적인 옵션 고려를 도와줄 것이다.

윤리적 딜레마의 원인

더 나아가기 전에 진로전문가들은 왜 윤리적 딜레마에 휘말릴까? 와 같은 질문을 하는 것이 유용할 수 있다. 이런 힘든 상황은 어디서 유래된 것일까? 실무 수행 시 부지런하고 사려 깊어지면 모든 윤리적 딜레마의 상황을 피하는 것이 가능할까?

윤리적 딜레마는 한 사람이 도덕적 가치, 윤리적 기준, 전문성에 도전하거나 위협적인 상황을 경험할 때 불쑥 나타난다(Welfel, 2006). 가장 적절한 해결책을 찾기 위해 노력하는 과정에서 두개 이상의 행동 단계 중에서 선택해야 할 필요성은 어려운 과제를 제공한다. 윤리적 딜레마는 많은 원인에서 비롯된다. 많은 이들에게 가장 먼저 떠오르는 원인은 고객 복지제공을 다른 사안보다 우선하지 않는 전문가의 고의적이고 부적절한 업무 수행이다. 의도적인 행동이 윤리적 딜레마를 초래할 수 있는 반면, 문제로부터의 해결은 전문가의 일부분인 근면에 의해 전적으로 보장되기 어렵다. 심지어 가장 양심적인 진로전문가도 윤리적 딜레마에 빠질 수 있다. Sieber(1982)는 윤리적 문제를 유발하는 6가지 일반적 상황을 추가로 제시하였다.

1. 경험 부족이나 인식 부족으로 관련자들이 예견할 수 없었던 상황. 예를 들어, 소수 민족 고객과 처음으로 작업하면서 도움을 주고자 하지만, 탐색되지 않은 다수의 문화적 편견에 근거하여 다음 단계에 대한 추천을 하는 수련 중인 상담자가 있다.

2. 문제의 심각성이 처음에는 과소평가되다가 나중에 그 진상이 드러나는 상황. 예를 들어, 아주 작은 마을에서 일하는 진로전문가는 남편과 아내처럼 이미 존재하던 관계와 연관되는 고객을 접수해야 할 가능성이 높다. 처음에, 해당 지역에서 진로 조력 접근을 위한 선택권이 별로 없었기 때문에 이런 상황은 개인 고객의 복지제공을 위한 가장 적절한 해결책으로 보였다. 그러나 어느 고객이 배우자와의 논의 내용이나 향후 계획에 대한 정보를 얻기 위해 진로전문가를 압박한다면 갈등이 출현하게 된다.

3. 윤리적 딜레마가 예견되지만 피할 수 없는 상황. 예를 들어, 미성년자인 고객과 상담할 때, 진로전문가들은 조언 세션에서 다루는 주제에 대한 자세한 정보를 원하는 부모나 보호자의 요구와 고객 비밀유지의무 사이에서 균형을 맞출 필요가 있다.

4. 사실이 불분명 또는 불완전하거나 상황이거나, 처음 경험하는 상황이어서 위험을 알 수 없는 상황. 예를 들어, 새로운 기술 도구를 사용하여 새로운 고객층을 대상으로 온라인 진로서비스를 제공하는 것은 예상치 못한 상황과 결과를 초래할 수 있다.

5. 윤리적 지침과 법이 명확하지 않거나 존재하지 않는 상황. 예를

들어, 진로발달 프로그램을 진행하고 평가할 때, 연구과 결과와 관련하여 많은 다양한 이해당사자들이 존재한다. 평가자는 주요 이해당사자로부터 데이터 수집과 분석 전략을 조정하라는 압력을 받을 수 있으며 이러한 요청이 충족되지 않을 경우 자금후원 중단의 위협 하에 놓이게 된다.

6. 법, 정부 또는 제도적 정책, 심지어 윤리 기준의 요구를 따르는 상황이 고객의 복지를 위태롭게 할 수 있다. 예를 들어, 회사 직원에게 서비스를 제공하는 진로전문가는 회사 경영자로부터 "회사에게 가장 이익이 되는" 진로 조언만을 제공하라는 압력을 받을 수 있다.

> 그러므로 윤리적 딜레마는 우리가 살고 일하는 복잡한 "실제 세계"의 자연스러운 부분이다... 전문가들조차도 문제를 해결하기 위한 최선의 행동으로 동의할 수 없는 적절한 조치 관련 다수의 잠재적인 정보 출처(알고 알 수 없고 알 수 없는)와 관점이 존재한다.

그러므로 윤리적 딜레마는 우리가 살고 일하는 복잡한 "실제 세계"의 자연스러운 부분이다. 우리는 King과 Kitchener(1994)의 "잘못 구조화된" 문제들에 대한 설명이 이 논의에 잘 들어맞는다는 것을 발견한다. 언급한 삶의 상황들에서 잘못 구조화된 문제는 완전히 규명되거나 확실하게 해결될 수 없다. 문제해결을 위한 최선의 행동 방침 중에는 전문가들이 적절하다고 동의할 수 없는 조치 관련 정보 출처(알려지거나 알려지지 않은)와 관점들이 많이 존재한다. 상기 문제들은 (1) 상황을 해결하기 위해 무엇을 할 것인가에 대한 실용적이고 기술적인 선택과 (2) 그 상황에서 어떻게 행동할 것인가와 관련된 개인적인 결정이라는 두 가지 유형의 의사결정을 내려야 하는 진로전문가들에 의해 해결되기보다는 직면되어야 한다(May, 2002, p.xxxiv). 첫 번째 의사결정 유형은 실용적이고 전술적인 반면, 두 번째 의사결정 유형은 전문적 정체성과 실천에 대한 깊은 질문으로 빠지게 한다.

진로발달 분야에서, 일부 잘못 구조화된 문제로는 비밀보장의 한계, 소셜미디어 환경에서 서비스 제공의 모호한 경계, 다문화 맥락에서의 진로발달 관련 적절한 고려가 포함된다. 잘못 구조화된 문제를 다룰 때, 최종 목표는 단 하나의 "올바른" 해결책을 찾는 것이 아니다. 오히려 초점은 개인이 현재의 맥락과 상황에 대해 합리적인 해결책을 구성하고 옹호하도록 하는 의사결정 전략을 배우는 것이다(King & Kitchener, 1994, p.11). 궁극적으로, 선택을 하고 그것을 끝까지 지켜보는 것은 "용기"와 "역경 앞에서 영혼의 굳은 마음"을 요구하는 도전일 수 있다(May, 2002, p.xxxv).

진로전문가들은 윤리적 실천을 추구하는 데 있어서 혼자만이 아니라 지식에서 힘을 찾을 수 있다. 본 교재는 윤리 기반 원칙, 강령 및 표준 문서, 의사결정 모델, 반영 기법, 사례 시나리오에 대한 논의와 함께 NCDA 윤리위원회 위원들의 통찰과 경험으로 지난 7년간 알려져 왔다.

숨겨져 있던 전문지식을 받아들이기 위해서 저자는 여기에 제시된 정보와 사례들을 안전하고 탐구적인 환경에서 문제해결을 연습할 수 있는 기회로 여기길 권한다. 저자는 이 여정이 여러분의 윤리적 감수성을 높일 수 있는 경험, 아이디어, 도구가 되길 바라며, 여러분의 작업 과정에서 필연적으로 나타날 윤리적 딜레마를 효과적으로 해결할 수 있는 능력을 강화할 수 있길 기대한다.

저자는 윤리적 딜레마를 업무 수행의 장벽이나 위험요소로 보기보다는 이러한 어려운 상황이 어떻게 학습, 교육, 옹호, 효과적인 실천의 주요 기회가 될 수 있는지 알기를 희망한다.

참고문헌

Beauchamp, T. L., & Childress, J. F. (2013). *Principles of biomedical ethics* (7th ed.). New York, NY: Oxford University Press.

Corey, G., Corey, M. S., Corey, C., & Callanan, P. (2015). *Issues and ethics in the helping professions* (9th ed.). Pacific Grove, CA: Brooks/Cole.

Gilligan, C. (1977). In a different voice: Women's conceptions of self and of morality. *Harvard Educational Review, 47*(4), 481-517.

Handelsman, M., Knapp, S., & Gottlieb, M. (2002). Positive ethics. In C. Snyder & S. Lopez (Eds.), *Handbook of positive psychology* (pp. 731–744). New York: Oxford.

Harris-Bowlsbey, J., Suddarth, B. H., & Reile, D. M. (2005). *Facilitating career development: Student manual* (2nd ed.). Broken Arrow, OK: National Career Development Association.

Jenkins, P. (2002). *Legal issues in counselling & psychotherapy.* London: Sage.

King, P., & Kitchener, K. (1994). *Developing reflective judgment.* San Francisco: Jossey-Bass.

Kitchener, K. S. (1984). Intuition, critical evaluation and ethical principles: The foundation for ethical decisions in counseling psychology. *The Counseling Psychologist, 12*(3), 43-55.

Kitchener, K. S., & Anderson, S. K. (2011). *Foundations of ethical practice, research, and teaching in psychology and counseling* (2nd ed.). New York, NY: Routledge.

Kohlberg, L. (1984). *Essays on moral development: Vol 2. The psychology of moral development.* San Francisco: Harper & Row.

May, W. F. (2002). The patient as a person: Beyond Ramsey's Beecher lectures. In P. Ramsey *The patient as person: Explorations in Medical Ethics* (2nd ed.), pp.xxix-xliii. New Haven, CT: Yale University Press.

National Career Development Association. (2009). *Career counseling competencies.* Retrieved from http://www. ncda.org/aws/NCDA/pt/sd/news_article/37798/_self/layout_ccmsearch/true

National Career Development Association. (2015). *2015 NCDA code of ethics.* Retrieved from http://www.ncda.org/aws/NCDA/asset_manager/get_file/3395

National Career Development Association. (n.d.). *Membership designations.* Retrieved from http://www.ncda.org/aws/NCDA/pt/sp/membership_categories #designations

Purtillo, R. B., & Doherty, R. F. (2011). *Ethical dimensions in the health professions* (5th ed.). St. Louis, MO: Elsevier Saunders.

Ramsey, P. (1970). *The patient as person: Explorations in medical ethics.* New Haven, CT: Yale University Press.

Remley, T. P., Jr., Herlihy, B. (2001). *Ethical, legal, and professional issues in counseling.* Upper Saddle River, NJ: Merrill Prentice Hall.

Sieber, J. (1982). *The ethics of social research: Surveys and experiments.* New York, NY: Springer-Verlag.

Sperry, L. (2007). *The ethical and professional practice of counseling and psychotherapy.* Boston, MA: Pearson.

Welfel, E. R. (2006). *Ethics in counseling and psychotherapy: Standards, research and emerging issues.* Belmont, CA: Thomson.

Wheeler, A. M. N., & Bertram, B. (2015). *The counselor and the law: A guide to legal and ethical practice* (7th ed). Alexandria, VA: American Counseling Association.

Zoja, L. (2007). *Ethics and analysis: Philosophical perspectives and their application in therapy.* College Station, TX: Texas A&M University Press.

2장

윤리적 딜레마 참여전략

윤리적 딜레마 참여전략

이 장에서는 진로발달 전문가들의 실무 중 나타나는 도전의 효과적 해결을 돕기 위해 이용할 수 있는 자원과 전략을 검토한다. 먼저, 전문 협회와 자격 또는 면허 인증위원회가 제공하는 윤리강령의 전반적 목적과 내재적 한계를 고려하는 것으로 시작한다. 이어서 윤리적 의사결정 모델의 9가지 공통 구성요소를 종합한다(Herlihy & Corey, 2015; Keith-Speigel & Kocher, 1985; Kitcher & Anderson, 2011; Pope & Vasquez, 2007; Sperry, 2007; Welfel, 2013). 단일 모델을 선택하고 그것을 윤리적 딜레마에 대해 생각하는 "방법"으로 강조하기 보다는, 모델 전반의 공통적인 요소들에 대한 검토가 현장과 잘못 구조화된 문제에 대한 여러분의 생각을 확대할 수 있게 해주는 다양한 아이디어와 관점을 가지게 해줄 것이다. 이 장은 관점 확립을 위한 공간을 만들고, 개인의 편안함의 수준을 확인하고, 미래의 선택권을 고려하는 윤리적 의사결정 과정으로부터 배우는 가치에 대해 성찰하는 것으로 끝을 맺는다.

윤리강령: 목적과 제한

윤리강령은 다양한 이름으로 지칭된다(행동강령, 실천기준, 진로행위의 원칙). 명칭의 차이에도 불구하고, 상기 문서들은 유사한 목적을 가지고 있다. 윤리강령은 전문가들에게 윤리적인 행동, 일반적인 함정, 바람직한 실천 기준에 대해 가르친다. 윤리강령 내용을 검토하고 성찰하는 일은 윤리적 행동에 대한 현장의 공감대에 비추어 윤리적 민감성을 높이고 인식의 폭을 넓히고, 전문성에 대한 이해를 성찰할 수 있는 기회를 제공한다(Herlihy & Corey, 2015). 신중하게 고려하면 윤리강령은 개인이 실제 윤리적 딜레마를 맞딱뜨리기 훨씬 전에 배움을 경험할 수 있는 잠재력을 가지고 있다.

진로발달에서 윤리강령을 다루는 두 번째 주요 목적은 진로전문가의 작업에 영향을 받을 수 있는 고객, 학생, 연구참여자, 고용주, 기타 이해관계자 집단의 복지를 보호하고 촉진하는 것이다(Keith – Spiegel & Koocher, 1985). 이러한 보호는 진로전문가의 전통적인 교육, 훈련 및 기술의 전체 그림을 그리고, 전문적 조력 관계에서 사용되는 전형적인 도구와 전략을 식별하기 위해 제공된다. 이 정보 습득은 고객이 자신의 기대와 경험을 해당 분야의 표준 제공 수준과 비교하는 데 도움이 되며, 궁극적으로 조력 관계의 토대가 되는 "전문적 신뢰와 충직성"을 촉진할 수 있다(Kitchener & Anderson, 2011, p.22).

셋째, 윤리강령은 실무 분야에서 전문화 여부의 표시 역할을 한다(Keith – Spiegel & Kocher, 1985; Wilensky, 1964). 강령을 준수하는 것은 내부 규제 능력뿐 아니라 한 분야의 발달 내에서 성숙 정도를 나타낸다. 또한, 윤리강령은 법률이나 법적 우선권이 없는 전문적 관계 내에서 적절한(또는 부적절한) 행동의 증거로 사용될 수 있다(Wheeler & Bertram, 2015).

이러한 장점들과 함께 윤리강령에는 몇 가지 주목할 만한 한계가 있다. 우선, 윤리 규범은 다루기 힘들고 압도적일 수 있다. 예를 들어, 2015 NCDA 윤리강령은 30페이지 분량의 PDF 문서로 200개 이상의 하위섹션이 있다. 엄청난 양의 정보는 진로전문가들이 처리하고 필요할 때 기억해내기가 어려울 수 있다. 둘째, 이 문서들은 광범위한 종류의 세팅에서 일하는 전문가들의 요구에 부응하도록 설계되었으며, 지침에 내장된 일정 수준의 유연성을 필요로 한다. 그러므로 이러한 코드의 많은 측면들이 광범위하게 작성되어 있어 특정 맥락과 상황에 적용할 때 다양한 해석의 여지를 두어야 한다(Kitchener & Anderson, 2011). 또한 윤리강령은 "살아있는 문서"로(Remley & Herlihy, 2001), 전문가들이 신기술과 세계화의 결과로 맞이한 새로운 도전에 직면하면서 시간이 지남에 따라 진화한다. 윤리강령이 진화하는 도전을 다룰 수 있기까지는 다소 시간 지연이 예상될 수 있는데, 전문가 집단이 발생된 새 이슈를 어떻게 다룰 지 신중하게 생각할 시간이 필요하기 때문이다.

대규모, 회색 영역, 그리고 끊임없이 변화하는 윤리강령의 특성에도 불구하고, 이 문서들은 진로전문가들이 직면하는 복잡한 상황을 다루기 위한 필수적인 도구이다. 윤리강령은 윤리적 의사결정 과정의 한 부분으로서 상당한 교육적 가치와 옹호적 가치를 가지고 있다. 이 가치를 활용하려면 실무과정에서 상기 강령의 적극적인 성찰과 통합이 요구된다. 다음 절은 윤리강령이 어떻게 적극적인 의사결정 과정에 통합될 수 있는지를 보여준다.

윤리적 의사결정 모델의 9가지 공통 요소

다수의 학자들은 전문가들이 윤리적 딜레마를 목적 지향적이고 체계적으로 생각하도록 돕기 위해 의사결정 모델을 개발했고(Herlihy & Corey, 2015; Keith-Speechel & Kocher, 1985; Kitchener & Anderson, 2011; Pope & Vasquez, 2007; Sperry, 2007; Welfel, 2013), 각 모델은 진로발달에서 잘못 구조화된 문제에 대한 우리의 사고를 확장시키는 아이디어를 포함하고 있다. 성찰과 대화를 자극하기 위해, 이 단원에서는 윤

리적 의사결정 모델에서 흔히 나타나는 9가지 요소에 대한 개요를 제시
한다(표 2.1). 이 논의 내용은 앞에서 인용한 출처와 통합되어 있다.

"단계" 또는 "상태"와 달리 "일반 구성요소"라는 용어 선택은 의도
적인 것이라는 점에 유의해야 한다.

〈표 2.1〉 윤리적 의사결정 모델의 일반적인 구성요소

```
1. 문제를 인지하고 정의한다.
2. 관련된 기본 윤리 이슈를 생각한다.
3. 감정을 인식한다.
4. 윤리강령을 참조한다.
5. 적절한 자문을 요청한다.
6. 원하는 결과를 확인한다.
7. 가능한 조치와 그 이후의 상황을 고려한다.
8. 취할 행동을 선택하고 실행한다.
9. 상기 과정을 문서화하고 결과를 성찰한다.
```

"단계" 또는 "상태"를 사용하는 것은 의도가 없는 선형 과정을 의
미할 수 있다. "구성요소"는 단순히 "성분" 또는 "전체의 일부"이다. 반
면에 여기 제시된 9가지 공통 구성요소는 모두 윤리적 민감성을 쌓아가
고, 윤리적으로 건전한 의사결정을 하는 과정에서 중요한 것이지만, 윤
리적 의사결정 과정은 종종 선형적이지 않다. 진로전문가가 의사결정
과정을 시작하게 되면 새로운 정보가 습득됨에 따라 요소들을 왔다 갔
다 할 가능성이 크다.

구성요소 1. 문제를 인지하고 정의한다. 잠재적인 윤리적 딜레마
에 직면했을 때, 진로전문가들은 성찰하고 정보를 모을 수 있는 시간을
가지라는 조언을 받는다. 빨리 행동해야 한다는 압박감을 느끼더라도
상황을 숙고할 시간을 갖는 것이 합리적이고 유리한 경우가 매우 많다.
각 이해관계자의 관점을 반영하기 위해 가능한 한 많은 정보를 수집한

다. 당면한 문제가 주로 윤리, 법 또는 전문성(아마도 복합적일)과 관련
이 있는지 물어봐야 한다. 법적인 문제는 변호사, 기관 정책 관련 문제
는 상사처럼 문제의 맥락에 따라 적합한 개인에게 자문을 구하여야 한
다. 때로는 진로전문가가 인식하는 문제가 윤리적인 딜레마가 전혀 아
니라는 것을 기억해야 한다. 그것은 사실에 대한 견해차이일 수 있는데,
각 개인의 현실을 비교함으로써 해결될 수 있다. 이 단계는 해결되어야
할 특정 이슈에 대한 명확한 설명과 해당 상황에 의해 영향을 받을 수
있는 핵심 이해당사자와 관계에 대한 명확한 파악을 이끌어낸다.

구성요소 2. 관련된 기본 윤리 이슈를 생각한다. 윤리의 기본 원칙
(비유해성, 복지제공, 자율성 존중, 정의, 충실성, 진정성)이 이 상황에 어떻
게 적용될 수 있는지 생각해야 한다. 핵심 원칙을 검토하는 것은 당면
문제에 대한 이해를 높여서, 가능한 행동을 고안하기 위한 추가 정보를
이끌어 낼 수 있다. 때로는 적용 가능한 원칙들 간 갈등이 나타나 윤리
적 딜레마의 복잡성을 가중시킨다. 갈등이 존재하는 경우, 해당 상황에
서 어떤 원칙이 다른 원칙에 우선할 수 있는지를 결정하고 정당화하는
것이 도전이 될 수 있다. 이 장에서 인식된 9가지 구성요소에 대한 계속
적 탐구는 이 선택에 도움이 될 것이다.

구성요소 3. 감정을 인식한다. 감정에 주의를 기울이는 것은 윤리
적 민감성을 높이는 데 중요한 부분이다(Rogerson, Gottlieb, Handelsman,
Knapp, & Younggren, 2011). 감정은 의사결정 과정에서 하나의 신호,
또는 아마도 내부 나침반 역할을 할 수 있다.

- 윤리적 딜레마를 생각할 때 어떤 감정이 일어나는가?
  - 공포, 자기의심 또는 좌절을 느끼는가?
  - 책임감에 압도당함을 느끼는가?
- 당신의 감정이 당신이 상황을 경험하는 방식에 어떻게 영향을 미
  치는가? 고조된 감정으로부터

- 상황의 어떤 측면이 특히 당신에게 두드러지는가?
- 어떤 중요한 정보의 일부가 무시되기 쉬운가?
• 당신이 정보 수집, 자문 및 옵션을 고려중일 때, 당신의 감정은 어떻게 변하는가?
- 강도가 증가하거나 감소하는가?
- 새로운 감정이 나타나는가?

감정의 밀려옴과 물러남은 윤리적 의사결정 과정에서 유익한 정보의 원천이 될 수 있다. 상기 감정과 지속적으로 접촉하는 것은 추가적인 어려운 상황을 유발할 수 있는 소진이나 정서적 고갈을 피해서 적극적인 단계를 밟아나가기 위해 매우 중요하다.

구성요소 4. 윤리강령을 참조한다. 일단 문제가 확인되면, 윤리적 원칙과 민감성과의 관계와 함께 지침을 확인하기 위해 적절한 윤리강령을 다시 확인한다. 법과 주 정책, 기관 정책집, 전문가 표준 문서, 윤리 문헌 등을 검토하는 것도 도움이 된다. 이러한 문서는 잠재적 대응 및 행동의 가짓수를 좁히는 데 도움이 되는 명확한 지침을 제공할 수 있다. 그러나 이러한 참고자료를 통해 하나의 "정답"이 도출되지 않을 수도 있다. 실제로 윤리강령, 전문가 기준, 정책 자료 간에 상충되는 정보가 발견될 수도 있다(다양한 윤리강령의 사용법과 인식된 모순을 다루는 방법 관련 논의는 4장 참조). 이러한 회색 영역 때문에 낙담하지 않으려면 윤리강령 또는 다른 표준문서가 의사결정 과정 맥락 안에서 사용할 수 있는 도구 중 하나라는 점을 기억해야 한다. 이 윤리적 의사결정 모델의 공통 구성요소들을 지속적으로 수행하면 고지되고, 충분한 타당성을 갖춘 해결책 도출에 도움이 될 것이다.

구성요소 5. 적절한 자문을 요청한다. 수퍼바이져나 진로발달 동료들과의 비밀이 유지된 상담은 윤리적 딜레마에 관한 새로운 통찰을 제공할 수 있다. 이 사람들은 외부의 관점을 가져와서 이 사건에 밀접하게 연관된 전문가가 놓친 문제나 다른 가능성을 제기할 수 있다. 자문은 또한 도전적인 상황을 통해 지속적으로 다루는 데 필요한 정서적 지원과 격려를 제공할 수 있다. 마지막으로, 자문은 또한 추후 도전적 상황이 도래할 경우 의사결정을 방어하기 위한 중요한 요소가 될 수 있다. 잘 문서화된 자문 노력은 전문적 규범과 표준을 존중하려는 근면함을 보여준다.

고객은 또 다른 필수적인 자문 자원이 될 수 있다. 적절하고 실현 가능한 정도까지 의사결정 과정에 고객을 참여시키는 것은 고객이 전문적 관계에 기여하는 필수적 역할에 대한 존중을 나타낸다. 이것은 또한 추가적인 이득을 이끌어내는데, 고객이 문제해결을 위해 적극적인 파트너가 되었을 때 동기부여를 느낄 수 있기 때문이다.

마지막으로, 어떤 경우에는 당면한 딜레마의 제도적 정책이나 법적 함의를 고려하는 것이 가치가 있다. 이러한 외부적 힘이 책임에 어떻게 영향을 미치는가? 그것들은 진로전문가나 진로서비스 기관이 하는 행동(또는 행동하지 않음)의 결과에 어떤 영향을 미칠까? 윤리적 행동 방침을 안내하거나 지원하는 정책이 없는 상황에서는, 향후 정책 개발을 목적으로 파악할 수 있다(Kitchener & Anderson, 2011).

구성요소 6. 원하는 결과를 확인한다. 윤리적 딜레마가 해결되었을 때 나타날 이상적인 결과를 확인한다. 단 하나의 이상적인 결과가 나오는 경우는 거의 드물며, 오히려, 고객, 진로전문가 및 고용조직 같은 다른 이해당사자를 위한 여러 가지 잠재적 결과가 나타날 수 있다. 어떤 것이 필수적이고, 어떤 것이 선호되나 필요하지 않은지를 결정하면서, 결과의 우선순위를 정하는 데 충분한 시간을 가져라. 원하는 결과에 대한 성찰은 다음 구성요소에서 잠재적 행동(및 해당 조치의 결과) 관련 고려사항을 알려준다.

구성요소 7. 가능한 조치와 그 이후의 상황을 고려한다. 장점에 대한 판단 없이 가능한 행동 방침을 브레인스토밍하는 것으로 시작하라. "아무 것도 하지 않는" 것을 선택하는 것 자체도 하나의 행동이라는 것을 기억하면서 모든 옵션을 테이블 위에 놓아라. 그런 다음 (1) 수집된 정보, (2) 검토된 윤리강령, 기준, 정책집, (3) 자문을 통해 얻은 통찰, (4) 결정된 결과의 우선순위에 비추어 앞서 제시된 선택사항을 고려한다. 다양한 형태(경제적, 심리적, 사회적, 시간, 자원, 단기적 또는 장기적)로 나타날 수 있는 각 옵션의 부정적 및 긍정적 결과를 고려한다. 원하는 결과를 얻을 수 없거나, 의도하지 않은 과도한 부정적인 결과를 초래하는 옵션은 모두 제거한다. 마지막으로, 이 특별한 상황에서 원하는 결과를 이끌어낼 수 있는 가장 큰 잠재력을 가진 행동 방향을 살펴보면서 남겨진 각 옵션의 위험과 이익을 평가한다.

구성요소 8. 취할 행동을 선택하고 실행한다. 일단 취할 행동이 선택되면, 다음 단계는 실행 계획을 수립하는 것이다. 계획은 해결 행동에 고객을 참여시키고, 수퍼바이져와 고용주에게 알리고, 서면 기록 초안을 작성하는 여러 단계로 구성된다. 작성한 계획을 실행하려면 강함과 소신이 필요하다. 윤리적 숙고와 선택은 종종 부가적인 시간과 에너지를 요구하며, 또한 압박감과 불안감을 동반할 수 있다는 것을 인정해야 한다. 이 과정에서 느끼는 감정에 주의를 기울이고 동료에게 필요한 지지와 조언을 얻도록 한다.

비록 그 길이 처음에는 어렵게 느껴질지 모르지만, 만족감과 전문성을 느낄 수 있으며, 고객의 요구를 우선하고, 도전적인 상황에서 윤리적으로 적절한 해결책을 모색하는 자부심의 영역으로 나아가는 것이 궁극적인 목표임을 기억해야 한다.

구성요소 9. 상기 과정을 문서화하고 결과를 성찰한다. 문서화는 윤리적 의사결정 과정 전반에 걸쳐 중요하다. 진행한 각 단계(문제의 기술, 윤리적 딜레마로 인식되는 상황 고려, 정보 수집과 자문 개요, 옵션 고려 과정 제시, 최종적으로 선택한 행동의 타당화)를 요약하여 기록한다. 이 문서는 두 가지 기능을 갖는다. 먼저, 이 문서는 명확하고 이성적인 행동 방침을 보여줌으로써 상황에 의문이 제기될 경우, 진로전문가를 보호한다. 아마도 더 중요한 것은 문서화가 성찰을 돕는다는 것이다. 성찰은 경험으로부터 배우고, 미래 이슈에 적용될 수 있는 새로운 정보를 조직화하는 과정에서 윤리적 민감성을 강화할 기회를 지속적으로 유지하는 데 도움이 될 것이다.

윤리적인 의사결정 종합. 윤리적 딜레마를 해결하기 위한 이 9가지 구성요소 전략은 정서적 감정, 행동적 조치, 인지적 숙고를 포함하여 인간 경험 전체 범위를 고려한다는 점을 유의해야 한다. 윤리적 의사결정에 대해 생각할 때, 많은 사람들은 먼저 관련 인지적 과정(예: 문제를 규정하고, 원하는 결과를 식별하고, 가능 행동의 예상 결과 평가)을 고려한다. 이러한 구성요소들은 분명히 필수적이지만, "전체 인간"의 단일 차원만을 대변한다. 또한 우리에게 윤리적 딜레마의 존재를 알리고, 행동을 촉구하며, 전체 진행 과정을 모니터하도록 우리를 돕는 감정적 대응을 고려하는 것이 유리하다. 실행했거나 회피했던 행동들은 각 상황에 더 큰 영향을 미친다. 그러므로 윤리적 의사결정의 전체 그림에서 정보수집, 조언 요청, 문서화 과정의 활동을 인정하는 것은 매우 중요하다. 윤리적 의사결정 시 자기 자신의 감정적, 행동적, 인지적 차원을 활용하는 것은 보다 제한된 접근법보다 당면한 딜레마에 대한 완전한 이해를 돕는다(Anderson, 2015; Anderson & Handelsman, 2010).

> 윤리적 의사결정 시 자기 자신의 감정적, 행동적, 인지적 차원을 활용하는 것은 보다 제한된 접근법보다 당면한 딜레마에 대한 완전한 이해를 돕는다.

비록 언급한 공통 구성요소는 번호화된 순서로 제시되지만, 윤리적 의사결정 과정은 한 구성요소에서 다른 구성요소로 이어지는 단일한 선형 단계가 아니라는 점을 기억해야 한다. 따라서 구성요인 간 앞뒤로 움직일 필요가 있을 개연성이 크다. 예를 들어, 윤리강령에 대한 자문은 문제를 보다 완전하게 정의하기 위해 추가 정보를 수집해야 할 필요성을 인식하게 할 수 있다. 감정을 조정하고 프로세스를 문서화하는 것과 같은 다른 요소들은 윤리적인 의사결정 과정 전반에 걸쳐 지속적으로 적용되었을 때 가장 잘 기능한다. 논의된 각 구성요소는 윤리적으로 건전한 선택을 위한 여정에서 핵심 행동이나 고려사항을 제시한다. 각 구성요소를 다루는 것은 처음에는 엄격하고 시간이 많이 소요된다고 느낄 수 있지만, 본 문서에 제시된 사례와 같이 윤리적 딜레마를 고려하는 연습과 경험은 그 과정을 더 명확하고 자연스럽게 적용할 수 있게 할 것이다.

윤리적 딜레마의 해결

윤리적 의사결정 모델의 세심한 검토와 적용 후에도 진로전문가들은 여전히 "내가 옳은 일을 했다는 걸 어떻게 확신할 수 있을까?"라고 의구심을 가질 수 있다. Stadler(1986)는 이러한 확신을 얻는 데 도움이 되는 세 가지 자가 테스트를 제안했는데, 여기에는 다음이 포함된다.

- 정의 – 유사한 상황에서 나는 다른 사람에게도 동일하게 대할까?
- 홍보 – 내 행동이 다른 사람들에게 알려지면 나는 어느 정도의 편안함을 느끼겠는가?
- 보편성 – 유사한 상황이나 윤리적 딜레마에 직면한 다른 사람들에게 나의 행동을 추천할 것인가?

이 세 가지 질문에 대한 긍정적인 답변은 자신의 행동이 마무리 되었다는 감정과 편안함으로 이어질 수 있다. 하지만, 만약 여러분이 세 가지 모두에 대해 긍정적으로 반응할 수 없는 상황에 처해 있다면, 용기를 잃지 말아라! 이것은 배움의 기회다. 여러분은 정의감, 공공성, 보편성을 향상시키기 위해 앞으로 무엇을 다르게 할 것인가?

여러 학자들(Remley & Herlihy, 2001; Sperry, 2007)은 윤리적 딜레마 해결 후 의심, 불편함 또는 불확실성의 여운을 확인하는 추가적인 자가 테스트를 제안한다. 이러한 유형의 감정은 과정 전반에서 이루어진 타협이 당면한 상황에서 최선이지 않은 윤리적 결과로 도출될 것이라는 신호일 수 있다. 만약 이런 감정들이 남아 있다면, 성찰할 시간을 가질 필요가 있다. 또한 도움을 줄 수 있는 수퍼바이져, 동료 또는 윤리위원회 회원에게 적절한 자문을 받는 것이 좋다. 이러한 경험을 미래의 사건에 더 잘 대비하기 위한 학습 기회로 활용하는 것이 좋다.

궁극적으로, 윤리적 의사결정 과정에 참여하는 것은 고객에게 최고의 배려 반응을 제공하는 것이다. 진로전문가의 윤리 실천이란 정직하고 사심 없는 전문적 접근과 함께, 우리 전문직군의 현재 지식과 상태에 근거하여, 고객의 최선의 이익을 위해 최고의 판단력을 사용하는 것을 의미한다.

참고문헌

Anderson, S. K. (2015). Morally sensitive professionals. In D. Mower, P. Vandenberg, & W. Robison (Eds.) *Developing Moral Sensitivity* (pp. 188-204). New York, NY: Routledge.

Anderson, S. K., & Handelsman, M. M. (2010). *Ethics for psychotherapists and counselors: A proactive approach.* Malden, MA: Wiley/Blackwell.

Herlihy, B., & Corey, G. (2015). *ACA ethical standards casebook* (7th ed.). Alexandria, VA: American Counseling Association.

Keith-Spiegel, P., & Koocher, G. P. (1985). *Ethics in psychology: Professional standards and cases.* New York, NY: Random House. *The American Journal of Sociology, 70,* 137-158.

Kitchener, K. S., & Anderson, S. K. (2011). *Foundations of ethical practice, research, and teaching in psychology and counseling* (2nd ed.). New York, NY: Routledge.

National Career Development Association. (2015). *2015 NCDA code of ethics.* Retrieved from http://www.ncda.org/aws/NCDA/asset_manager/get_file/ 3395

Pope, K. S., & Vasquez, M. J. T. (2007). *Ethics in psychotherapy and counseling: A practical guide* (3rd ed.). San Francisco, CA: Jossey-Bass.

Remley, T. P., Jr., & Herlihy, B. (2001). *Ethical, legal, and professional issues in counseling.* Upper Saddle River, NJ: Merrill Prentice Hall.

Rogerson, M. D., Gottlieb, M. C., Handelsman, M. M., Knapp, S., & Younggren, J. (2011). Nonrational processes in ethical decision making. *American Psychologist, 66*(7), 614-623.

Sperry L. (2007). *The ethical and professional practice of counseling and psychotherapy.* Boston, MA: Pearson.

Stadler, H. A. (1986). Making hard choices: Clarifying controversial ethical issues. *Journal of Counseling and Human Development, 19,* 1–10.

Welfel, E. R. (2013). *Ethics in counseling and psychotherapy: Standards, research and emerging issues* (6th ed.). Belmont, CA: Thomson.

Wheeler, A. M. N., & Bertram, B. (2015). *The counselor and the law: A guide to legal and ethical practice* (7th ed.). Alexandria, VA: American Counseling Association.

Wilensky, H. L. (1964). The professionalization of everyone?

3장

NCDA 윤리강령

NCDA 윤리강령

　　1913년에 초기 설립된 NCDA(National Career Development Association)는 진로발달 분야를 전담하는 세계 최장수 전문 협회다. 진로발달 분야를 구성하는 다양한 특기, 교육 및 훈련 배경, 업무 세팅을 가진 연간 5,000명 이상의 회원이 NCDA에서 활동하고 있다. 이 협회는 "개인이 진로 및 삶의 목표를 달성하도록 영감을 주고 동기를 부여하는 실무자와 교육자에게 전문적 개발, 출판, 표준 및 옹호"를 제공한다 (NCDA, n.d.). 또한, 실무 진로전문가들 안내책자, 상담사 선택 지침, 그리고 진로발달 관련 문제에 대한 폭넓은 인식을 장려하기 위한 연례 시와 포스터 공모전 등, 대중들이 진로와 관련된 요구를 해결하는 데 도움이 되는 자원도 활용가능하다.

　　2015 NCDA 윤리강령은 이런 맥락에서 작성된 것이다. 이 문서의 취지는 "국민을 보호[서빙]"하는 동시에 "진로실무자들을 위한 지침이자 자료"(p.1) 역할을 하는 것이다. 2015 NCDA 윤리강령 내에 포함된 가치와 원칙은 협회 회원들이 접하는 설정과 상황 전반에 걸쳐 적용가능하다. 이러한 광범위성은 다양한 목표 대상에게 발언하는 데 도움이 되지만, 윤리강령을 보편적으로 만들어, 특정 상황에 적용될 수 있는 납득 가능한 세부사항을 추구할 때는 한계를 경험할 수 있다. 이를 위해 이 문서의 서문은 독자들에게 윤리적 행동이 투명성과 전문성에 바탕을

두고 있음을 상기시킨다. 투명성은 자신의 행동을 기꺼이 공유하고, 자신이 내린 결정 뒤에 서 있을 수 있다는 자신감을 느끼는 것을 말한다. 윤리강령은 우리가 투명성을 향한 핵심 단계인 실무 수행에서의 기본 윤리적 원칙(비유해성, 복지제공, 자율성 존중, 정의, 충실성, 진정성)을 염두에 두도록 돕는다.

전문성이란 능숙한 방법으로 실무를 진행하며, 의심이나 의문이 생길 때 적절한 자문을 받는 것을 의미한다. 윤리강령은 적절하고 최선의 행동 방침에 대한 전문가 집단의 현재 최선의 생각을 표현한 것이라는 것을 상기하라. 이러한 사실은 윤리강령을 현장의 전문가들에게 확신을 갖도록 돕는 첫 번째 자문 자료 제공 장소로 만든다.

이 단원은 2015 NCDA 윤리강령의 진화와 현재 설계를 이해하기 위한 기본 틀을 제공한다. 이 문서의 역사에 대한 간략한 개요에 이어서 2015년 문서의 주요 구성요소 및 조항에 대한 개요가 제공된다. 이 단원은 본 문서가 NCDA 윤리위원회의 대규모 업무에 어떻게 부합하는지에 대한 성찰로 마무리한다. 이와 같이, 본 단원은 2015년 독자를 위한 NCDA 윤리강령의 소개와 NCDA 윤리위원회의 활동에 대한 역사적 기록의 역할을 모두 한다.

NCDA 윤리강령의 역사

NCDA가 회원을 대상으로 최초의 윤리 지침을 명확히 선언한 때는 National Board for Certified Counselors(NBCC)의 윤리 기준을 채택한 1987년이다. 이 표준은 NCDA 윤리위원회가 1991년과 2003년에 개정하였는데, NCDA 회원자격제도 변화를 참조하고 반영하기 위해 문구가 약간 변경되었다. 초기 회원자격은 미국에 살고 일하는 상담사, 심리학자, 상담사 교육자 등 매우 배타적으로 구성되었었다. 시간이 지남에 따라, 협회는 학교상담사, 진로발달 촉진자, 진로발달 자문사, 취업상담사, 인력개발전문가, 진로사서, 진로코치 등을 포함하는 국제적인 회원제도를 가지게 되었다.

1997년, NCDA 윤리위원회는 인터넷을 주로 사용하는 상담가와 진로전문가를 대상으로 하는 윤리 지침을 개발하기 위해 선구적인 노력을 이끌었다. 이 기준은 '진로상담 및 진로계획 서비스 분야 인터넷 사용지침'으로 명명되었다. 이 획기적인 문서는 진로상담 및 관련 서비스의 온라인 전달 지침, 구인·구직 시 인터넷 활용 지침, 용납할 수 없다고 판단되는 온라인 행동 목록, 연구·검토 요청 관련 내용 등을 포함하고 있다. 이 문서는 또한 전문가 윤리강령에서 진로 계획 서비스와 진로상담을 구별하기 위한 최초의 노력을 담고 있다. 이 문서는 2007년 NCDA 윤리강령 개정에 중요한 역할을 하였다.

윤리강령의 최소한 변경 이후 거의 20년 만에 NCDA 윤리위원회는 2005년 말에 윤리기준을 완전히 갱신하는 임무를 맡았다. 위원회는 (a) 새로운 강령 제작, (b) ACA(American Counseling Association)의 2005년 윤리강령을 채택하고 이 문서의 추가사항으로 별도의 NCDA 강령 작성, 또는 (c) NCDA의 요구를 충족하는 2005년 ACA 윤리강령의 채택 등 여러 가지 옵션을 논의하였다. 위원회는 이미 많은 NCDA 회원들이 연계된 ACA(2005년)와 NBCC(2005년)에 의해 잘 설계된 윤리강령과 중복될 것이라고 판단하여 새로운 코드를 만드는 첫 번째 옵션을 수용하지 않기로 결정했다. 진로발달 관련 부록과 함께 2005년 ACA 윤리강령을 채택하는 두 번째 옵션은 ACA와 NCDA 사이에 오래 지속된 관계 때문에 고려되었다. 그러나 두 가지 근본적 의견이 위원회를 이 선택에서 멀어지게 했다. 위원회는 진로발달 전문가들이 독특한 서비스를 제공해 왔을 뿐 아니라 NCDA 회원의 상당수가 상담 배경을 갖고 있지 않다는 점을 둘 다 인정했다. 따라서, 단순히 ACA 윤리강령에 진로발달 분야 특수 부록을 추가하는 것은 충분하지 않았다. NCDA 윤리위원회는 2005년 ACA 윤리강령에서 벗어나 진로발달 전문가의 구체적인 맥락과 요구를 충족시키는 것이 최선의 해결책이라고 판단했다. NCDA는 ACA로부터 이러한 변경을 위한 허가를 받고, 1년에 걸친 집중적인 대화와 의사결정 과정에 착수했다. 2005년 ACA 윤리강령의 상당 부분이 NCDA 윤리위원회에 의해 유지되었지만, 특정 언어, 구절 및 섹션은 NCDA 회원국의 우위에 적용되지 않았다. 때때로, NCDA 윤리위원회는 언어 변화가 지침 특정 섹션의 의미를 강화할 수 있고, 또한 NCDA 멤버들의 활동과 전문적 요구에 더 잘 맞는 새로운 섹션이 추가될 것이라고 믿었다. 주요 추가 사항은 2007년 NCDA 윤리강령 전용 섹션에 NCDA 진로상담 및 진로계획 서비스 제공을 위한 인터넷 사용지침을 통합하여 윤리적 문제로 도움이 필요한 회원들에게 자원을 제공하는 것이었다. 새로운 2007년 NCDA 윤리강령은 2007년 7월 협회 이사회와 회원국의 승인을 받았다.

2012년, NCDA 윤리위원회는 진로서비스에서 소셜서비스(LinkedIn, Facebook, Twitter) 기술 활용에 대한 집중적인 탐구를 통해 윤리적 직무수행과 기술에 관한 리더십 제공 활동을 지속하였다. 향후 2년간 전담팀은 NCDA 회원에게 전략과 윤리적 기준을 권고할 뿐 아니라, 진로서비스에서의 사회기술 이용과 관련된 윤리적 문제를 가장 잘 이해하기 위해 문헌을 탐구하고, 포커스 집단을 만나고, 지역 정책을 검토하였다. 이 작업의 결과물 중 하나는 진로서비스 및 관련 조력 전문직종에서 소셜네트워킹 기술의 사용을 조사한 실질적인 문헌 검토였다(Makela, 2015). 또 다른 결과는 진로서비스에서 소셜 기술을 사용하기 위한 윤리적 지침이었다. 이러한 소셜 기술 지침은 문서의 정기적인 검토가 예정되어 있을 때 개발되었기 때문에 즉시 완전한 NCDA 윤리강령으로 통합되었다.

2014년 초, NCDA 윤리위원회는 2007년 NCDA 윤리강령에 대한 정기적 검토를 시작했다. 이때 문서에 대한 수정 대부분은 언어나 구조의 경미한 수정으로, 문서를 쉽게 사용하거나 협회 회원의 자원을 확대하기 위한 것이었다. 기술 단원에서 가장 큰 변화가 있었다. 2007년 NCDA 윤리강령을 검토한 결과, 윤리위원회는 문장의 뒤에 있는 핵심 아이디어들이 사용된 언어는 오래되었더라도 여전히 관련이 있음을 발견했다. 이것은 이 단락 구조가 1997년에 쓰여졌고 2007년에 약간의 수정만 거쳤기 때문에 이해가 가능하였다. 17년 전 이 문서 원본의 설계 이후 기술 환경에서는 많은 변화가 있었다. 윤리위원회는 관련 전문협회 윤리강령의 기술 섹션 검토에 들어갔다. ACA도 2005년 ACA 윤리강령에는 기술 섹션이 없는 반면, 2014년 ACA 윤리강령에는 기술 섹션이 잘 작성되었다. 실제로 2014년 ACA 윤리강령과 2007년 NCDA 윤리강령의 기술 섹션 간에 명확한 유사성이 관찰되었는데, ACA 문서가 재구성되고 최신 언어를 포함하고 있어 현재 문헌 및 기술적 소통에 더 적합하다는 차이점이 있었다. 2007년 NCDA 윤리강령 개정과 마찬가지로 NCDA 윤리위원회는 ACA문서를 지침으로 삼아 협회 고유의 회원 자격과 환경에 맞게 수정하는 방식으로 기술 섹션을 개정하기로 결정했다. 더 나아가 2015 NCDA 윤리강령 "소셜미디어"에 관한 기술 하위 섹션은 NCDA 윤리위원회가 전면 개정하였으며, 이는 관련 분야 다른 윤리강령에서 언급된 것보다 이 주제 관련한 진로전문가 지침이 더 많이 필요하다는 것을 알게 되었기 때문이다. 2015 NCDA 윤리강령은 2015년 7월 협회 이사회와 회원으로부터 승인을 받았으며, 오늘날 진로발달 전문가들이 직면한 윤리적 상황과 딜레마에 대한 이 전문집단의 현재 최선의 사고를 반영하고 있다.

2015 NCDA 윤리강령의 주요 구성요소 및 조항

2015 NCDA 윤리강령의 주요 섹션은 서문과 목적 진술을 포함하며, 그 다음에 (a) 전문적 관계, (b) 비밀유지, 특권적 의사소통 및 개인정보, (c) 전문적 책임, (d) 다른 전문가와의 관계, (e) 평가, 사정 및 해석, (f) 온라인, 기술 및 소셜미디어를 통한 진로서비스 제공, (g) 수퍼비전, 훈련 및 교육, (h) 연구 및 출판, (i) 윤리문제해결의 9개 영역을 다루는 단원으로 구성되어 있다. 이 단원에서는 언급한 각 영역의 주요 주제와 내용을 다룬다.

서문과 목적. 2015 NCDA 윤리강령은 문서의 전체 틀을 제시하는 서문과 목적 진술로 시작한다. 본 단원에서는 본 문서의 발전의 토대를 제공한 전문적 가치와 원칙과 더불어 본 문서가 협회 내에서 수행하는 역할에 대해 독자에게 소개한다. 2015 NCDA 윤리강령은 회원들의 윤리적 실천과 책임을 정의하고 소통함으로써 NCDA의 사명을 지원한다. 이 문서는 협회 회원들이 "진로 전문성의 가치를 증진시키면서 고객에게 최고를 서비스를 가능하게 하는 전문적 행동 과정을 구축할 수 있도록"을 지원하는 동시에, 고객들이 "진로전문가와 함께 일할 때 무엇을 기대할 수 있는지에 대한 이해"(p.2)를 돕는 것을 목표로 한다. 여러분은 제시된 윤리적 지침을 성찰하고 윤리적 의사결정 모델을 자문하며, 동료 및 NCDA 윤리위원회와 협력하여 윤리적 지식과 민감성을 개발하도록 초대되었다.

섹션 A: 전문적 관계. 2015 NCDA 윤리강령의 이 섹션은 진로전문가와 고객 사이의 상호작용을 다루며, 조력 관계 이해를 대한 기초적 발판을 제공한다. 도입부에서는 이러한 관계의 1차적 목적이 "고객의 관심과 복지를 함양하고 건전한 관계 형성을 촉진하는 방법으로 고객의 성장과 발전을 촉진하는 것"(p.3)이라고 밝히고 있다. 고객의 요구가 가장 중심이며, 전문적 관계는 건강한 대인관계의 모델이다.

그런 다음 이 단원에서는 어떻게 조력관계가 설정되고(예: 제공되는 서비스 유형, 진로서비스 계획, 고지된 동의, 수임료 및 사업 실무), 관리되고(예: 지원 네트워크 포함, 다른 전문가와의 협업, 기록 및 문서화, 변화하는 고객과의 관계 관리, 여러 고객과의 작업), 종결될지(예: 리퍼, 적절한 서비스 종결)에 대한 지침을 제공한다. 또한, 진로전문가들은 개인적 자질이 고객과의 작업 관계에 어떤 영향을 미치는지를 인식하기 위해 자신의 문화적 정체성, 가치관, 신념을 탐구하도록 장려된다. 적절한 옹호 방법뿐 아니라 발달적으로나 문화적으로 적절한 의사소통법 관련 이슈들이 다루어진다.

강령 A.1.b. 2015 NCDA 윤리강령에서 서비스 유형 간 차별화는 진로발달 분야 고유의 지침을 제공하므로 추가 검토가 필요하다. 본 단원은 "진로 계획"("특정 요구를 가진 고객을 돕기 위해 설계된 정보의 적극적인 제공", p.3)과 "진로 상담"("전문적 상담 관계 및, 진로 계획 서비스 이상의 진로와 개인적 발달 관련 염려를 가진 고객을 조력하는 잠재력의 확립, p.3) 서비스의 차이를 인정한다. 이러한 서비스의 구분은 한 진로전문가 집단을 다른 진로전문가 집단보다 우선시하는 수직적 구조를 암시하려는 의도는 아니다. 대신에 NCDA 회원이 고객에게 제공하는 서비스의 폭과 NCDA 회원 간 전문적 다양성을 인정하자는 취지다. 이러한 차이는 다양한 전문가가 고객의 삶에 제공하는 다양한 기여를 존중하며, 모든 진로전문가들이 고객에게 고품질 성장 기회를 제공하기 위해 전문 훈련과 자격의 범위(및 한계) 내에서 일하도록 장려한다.

강령 B: 비밀보장, 비밀 보장된 의사소통 및 개인정보 보호. 이 단원은 전문적인 상담, 조언, 코칭 및 컨설팅 관계를 위한 많은 윤리강령의 "코너스톤"(p.6)인 조력 관계를 돕기 위한 중심 요소인 고객과의 신뢰 구축 관련 사안을 다룬다. 이 단원은 고객의 개인정보와 비밀 유지에 대한 권리에 대한 성찰로 시작하며, 이러한 구조들의 서로 다른 문화적 의미에 민감해지는 것의 중요성을 제시한다. 비밀보장의 한계(예: 자기 자신이나 타인에 대한 중대하고 예측 가능한 위해, 법원의 공개 명령) 및 고객 정보에 대한 접근권자(예: 치료팀, 수퍼바이져)에 관한 지침이 제공된다. 개별 서비스, 집단 서비스, 연구, 교육, 컨설팅에 이르는 다양한 환경이 고려된다. 또한 이 절에서는 기록과 관찰 승인, 고객의 기록 접근 제공, 기록의 보관 및 폐기 등과 같은 주제 관련한 기록 보관 및 문서화에 대한 지침을 제공한다.

강령 C: 전문가의 책임. 2015 NCDA 윤리강령 C절은 진로전문가들이 대중과 다른 전문가들에게 자신을 홍보하는 방법과 관련이 있다. 이 섹션은 개인의 전문적 역량의 범위 내에서 비차별적인 방식으로 "개방적이고 정직하며 정확한 의사소통"(p.9)을 요구하는 것으로 시작한다. 진로전문가는 2015 NCDA 윤리강령 및 관련 전문 표준문서에 대한 지식을 갖추고, 해당 문서들이 정한 지침 내에서 실천하도록 요청받는다. 또한 자신의 역량 범위 내에서 일하는 것, 새로운 실무 전문분야의 개발, 지속적인 교육, 광고 및 고객 모집, 전문자격과 회원자격의 정확한 표현 관련 지침이 제공된다.

이러한 근거에 기반하여, 진로전문가들은 향후 진로발달 분야에 지도력과 행동들을 제공하는 데 적극적인 역할을 하도록 장려된다. 예를 들어, 본 단원의 도입부(p.9)의 언급 내용은 다음과 같다.

진로전문가들은 개인과 집단의 삶의 질을 개선하고 제공되는 적절한 서비스의 접근에 대한 잠재적 장벽을 제거하는 방법으로 개인, 집단, 제도 및 사회 수준에서 변화를 촉진하도록 권장된다.

진로전문가들의 적극적 역할을 위해 논의되는 방법으로는 언론과의 협력, 정책 성명 작성 및 유지, 또는 공익에 기여하는 것을 들 수 있다.

강령 D: 다른 전문가와의 관계. 2015 NCDA 윤리강령 D는 진로발달 분야 내외의 동료들과의 관계를 다룬다. 이 섹션은 진로전문가들이 고객을 위해 유익한 네트워크를 제공할 강력한 업무 관계를 구축하기 위해 타인과의 효과적 의사소통을 돕기 위한 지침을 제공한다. 대표적 관계의 예로는 고용주, 직원, 코칭 및 자문 역할, 학제간 팀 등이 있다.

  강령 E: 평가, 사정 및 해석. 이 절에서는 진로서비스 과정의 구성 요소로서 사정 도구 사용에 집중한다. 2015 NCDA 윤리강령은 다양한 사정도구가 "능력, 성격, 관심, 지능, 성취도, 기술, 가치 및 성과 측정을 포함하되 이에 국한되지 않는" 정보를 제공할 수 있음을 인정한다 (p.13). 사정 도구는 항상 고객의 웰빙 증진을 우선적 목표로 선택된다. 이와 같이, 사정 도구를 선택할 때 문화적 맥락과 개별적 특성뿐 아니라 도구, 결과, 해석 및 결과 권고사항에 대한 추론 관련한 "고객의 알 권리"(p.13)에 대한 존중도 고려해야 한다. 샘플 주제는 고객 복지, 전문 역량, 고지된 동의, 도구의 적절성, 관리 조건, 데이터 공개, 다문화 고려사항 및 민감성, 평점 및 해석, 법의학적 평가 등에 관한 것이다.

  강령 F: 온라인, 기술 및 소셜미디어를 통한 진로서비스 제공. 2015 NCDA 윤리강령 F는 진로전문가들이 "기술 및/또는 소셜미디어를 사용하여 온라인에서 진로서비스를 제공하는 것과 관련된 직업의 진화하는 특성"을 이해하고 다루도록 돕는다(p.15). 이 지침은 진로전문가들이 비밀보장과 개인정보 보호, 고지된 동의, 투명성, 고객 검증, 기록 및 데이터 보안, 접근성, 고객의 동등한 취급, 전문 훈련 및 역량, 각 활동 지역별로 다른 법과 규정의 인식(예: 주 경계를 넘는 행위)과 같은 주제 관련하여 발생 가능한 다양한 윤리적 문제를 고려하면서 고객에게 더 나은 서비스 제공을 위해 기술 자원의 혜택에 효과적 접근을 돕는 것을 목적으로 한다.

  이 단원의 앞에서 언급했듯이, 소셜미디어에 관한 2015 NCDA 윤리강령 하위섹션은 관련 분야 전문 협회 윤리강령의 유사한 섹션보다 더 광범위하다. 본 섹션은 NCDA에서 고유하므로, 본 섹션에 대한 몇 가지 성찰과 기술을 제공한다. 철저한 연구 끝에 NCDA 윤리위원회는 진로전문가들이 실무 시 소셜미디어에 관여하는 방식 때문에 상세한 소셜미디어 관련 하위 섹션이 필요하다고 판단했다(Smith-Keller & Makela, 2014). 진로전문가들이 자신의 개인적 또는 직업적 삶에 소셜미디어 활용을 선택했든 아니든, 고객들은 그곳에서 고용주들과 연결되고 그들의 질문과 염려를 가지고 진로전문가를 소셜미디어 토론에 끌어들이고 있다(Makela, 2015). 고객들을 지원하기 위해 이용 가능한 소셜미디어 기술을 이해해야 하는 진로전문가들의 요구는 계속해서 증가하고 있다.

제공되는 지침은 (a) 가상존재의 창출 및 유지, (b) 전문가와 개인적 존재의 온라인 분리, (c) 전문가적 역할과 전문자격의 확인, (d) 가상공간에서의 비밀보호 의무 및 개인정보 존중, (e) 고지된 동의 시 소셜미디어 포함, (f) 소셜미디어 정책의 공정하고 공평한 대우 고려, (g) 정보, 정확성, 독자의 지속성에 대한 민감성, (h) 저작권 및 원본 자료의 존중, (i) 진로발달 과정에서 소셜미디어 역할에 대한 고객 교육과 같은 주제를 다룬다.

> 2015 NCDA 윤리강령은 NCDA의 중요하고 기본적인 문서다. 또한 진로발달 분야에 영향을 미치는 전문적, 문화적, 사회적 변화를 반영하기 위해 주기적으로 검토되고 갱신되는 살아있는 문서다.

강령 G: 수퍼비젼, 훈련, 그리고 교육. 2015 NCDA 윤리강령 G는 진로전문가들 사이의 "의미 있고 존경받는 직업적 관계"(p.18)를 다루는데, 특히 수퍼비젼, 교육 및 훈련 상황에서 차등적인 권력 구조를 포함하는 내용에 초점을 맞춘다. 다뤄진 이슈의 예로는 수퍼바이져 자격과 준비, 고지된 동의와 고객 권리, 다중관계와 경계 설정, 비상사태와 결핍, 평가, 동료 관계, 수퍼비젼 관계의 종료, 그리고 위반사항이 포함된다.

강령 H: 연구 및 출판. 2015 NCDA 윤리강령 H는 "전문가의 지식기반에 기여하고 보다 건전하고 정의로운 사회로 이끄는 조건들에 대한 명확한 이해를 증진하기 위해 연구를 수행하고 출판하는 진로전문가의 활동에 초점을 맞추고 있다(p.22). 또한, 진로전문가들은 이러한 목표를 달성하기 위해 "가능할 때마다 완전하고 기꺼이" 연구에 참여하도록 권장된다(p.22). 이 단원에서 다루는 샘플 주제에는 연구 책임, 연구참여자의 권리, 연구에서의 다문화 및 다양성 고려사항, 연구참여자와의 관계, 정확하고 완전한 결과 보고, 출판 등이 포함된다.

강령 I: 윤리적 문제해결. I는 진로전문가들이 "어떻게 관련 모든 이해당사자 간의 직접적이고 개방적인 의사소통을 통해 윤리적 딜레마를 해결할 수 있을지"(p.24)에 대한 정보를 제공한다. 동료, 수퍼바이져, 윤리위원회 및 기타 적절한 기관에 자문을 요청하는 방법에 대한 지침이 제시된다. 진로전문가는 진로발달의 과정에서 윤리와 법적 이슈 관련 "윤리적 실천을 그들의 일상 업무에 포함시켜라"와 "지속적인 학습과 발달에 참여하라(p.24)"는 요구를 받는다.

2015 NCDA 윤리강령의 맥락

2015 NCDA 윤리강령은 NCDA의 중요하고 기본적인 문서다. 또한 진로발달 분야에 영향을 미치는 전문적, 문화적, 사회적 변화를 반영하기 위해 주기적으로 검토되고 갱신되는 살아있는 문서다. NCDA는 윤리적 이슈와 트렌드 발생에 대해 주의 깊게 고려하고, 대화와 교육을 지속적으로 장려하는 활기차고 적극적인 윤리위원회를 두고 있어 다행이다. 실제로 2015 NCDA 윤리강령은 협회가 제시한 윤리적 자원의 한

예에 불과하다. 오랜 기간 지속된 NCDA윤리위원회의 자원과 서비스 제공에는 다음과 같은 것들이 있다.

- "Career Developments" 회원 잡지의 분기별 "땅콩 껍질속의 윤리" 기사 시리즈
- 회원들이 고지된 동의서와 상담 동의서, 접수 양식, 정보제공 문서, 구직가능성 스킬 평가표 같은 전문 문서를 검토하고 참조할 수 있는 NCDA 웹사이트 "회원 전용 자료실" 섹션의 샘플 양식 저장소.
- NCDA 연례 회의에서 윤리 기술 구축 발표
- 윤리적 의문 사안에 대한 자문 제공(위원회장 이메일 ethics@ncda.org).
- 그리고 승인 섹션에서 언급된 바와 같이, 많은 NCDA 윤리위원회 위원들이 사례 연구에 대한 초기 검토와 사례 연구 아이디어에 대한 피드백 제공을 통해 본 교재에 기여하였다.

이러한 지원 자원을 통해, NCDA 윤리위원회는 2015 NCDA 윤리강령에 에너지를 불어넣고, 회원들이 일상생활에서 유용하고 의미 있는 방법으로 자료를 활용하는 것을 돕는 것을 목표로 하고 있다. NCDA 윤리위원회 위원들은 "모든 윤리적 문제에 있어서 최고 전문가로서 자신을 내세우지 않는다."(NCDA, 2015, p.2). 위원회는 법률전문가로 구성되지 않아 법률 자문을 할 수 없다. 그러나 위원회는 윤리에 대한 열정이 있고 교육자원을 개발하는 데 상당한 시간을 할애한 헌신적인 진로전문가로 구성되어 있으며, 회원들이 윤리적 딜레마에 대해 고민하고 행동할 수 있도록 돕고 있다. 2015 NCDA 윤리강령은 윤리적 지침의 가치를 공유하기 위해 노력해온 헌신적 전문가들의 이러한 맥락 안에서 우리 삶으로 다가온다.

참고문헌

American Counseling Association. (2005). *ACA code of ethics.* Alexandria, VA: Author.

American Counseling Association. (2014). *ACA code of ethics.* Retrieved from https://www.counseling.org/ knowledge-center/ethics

Makela, J. P. (2015). *Ethical use of social networking technologies in career services.* Retrieved from http://www.ncda.org/aws/NCDA/pt/sp/ guidelines

National Board for Certified Counselors. (2005). *Code of ethics.* Retrieved from http://www.nbcc.org/ethics

National Career Development Association. (n.d.). *About NCDA.* Retrieved from http://www.ncda.org/aws/NCDA/pt/sp/about

National Career Development Association. (1997). *NCDA guidelines for the use of the internet for provision of career information and planning services.* Broken Arrow, OK: Author.

National Career Development Association. (2007). *2007 NCDA code of ethics.* Broken Arrow, OK: Author.

National Career Development Association. (2015). *2015 NCDA code of ethics.* Retrieved from http://www.ncda.org/aws/NCDA/asset_manager/ get_file/3395

Smith-Keller, K., & Makela, J. P. (2014, December). Revitalizing the code of ethics. *Career Convergence Web Magazine.* Retrieved from http://www. ncda.org/aws/ NCDA/pt/sd/news_article/99843/_self/layout_details/false

진로발달 전문가와 관련된
윤리 및 전문 표준 추가 규정

진로발달 전문가와 관련된 윤리 및 전문 표준 추가 규정

앞 단원에서는 2015 NCDA 윤리강령을 소개하면서 문서 개발, 현재 구조 및 사용에 대한 통찰을 제공하였다. 이 교재에서 특별히 NCDA에 집중하기로 한 결정은, 현회가 윤리적 지침으로 언급한 진로발달 전문가의 광범위한 인정과 관련이 있다. NCDA는 실무자 교육, 훈련, 업무 세팅, 고객 인구특성 및 주요 역할을 고려하면서 다양한 진로발달 프로그램과 서비스를 제공하는 실무자들의 업무에 대해 언급한다. 이 넓은 범위는 진로발달 분야 전반에 걸친 실무자들에게 대화, 교육, 학습의 공통 기반을 제공하기 때문에 이점을 제공한다.

진로전문가들이 특정 업무 환경과 업무를 대상으로 하는 윤리 지도를 원할 때도 있는데, 이는 2015 NCDA 윤리강령의 넓은 범위를 보완하는 깊이에 대한 요구일 것이다. 업무의 특성 때문에 많은 사람들이 하나 이상의 전문협회나 자격검증기관에 속해 있어서, 복수의 윤리강령과 행동 표준을 숙지하는 것이 직업상의 필수요건이다.

이 단원에서는 진로전문가 업무와 관련된 8개 국가전문협회에 의해 발표된 윤리강령과 실천 표준 문서를 소개한다. 여기에 제시된 국가협회는 문헌 검토와 NCDA 소속 전문가들과의 교류를 바탕으로 선정되었다. 이 선택은 종합적인 것은 아닌데, 의사결정을 지원하는 가용 자원의 예시를 제공한다. 진로전문가들은 주, 지역 또는 국가 협회와 관련 면허 및 인증위원회가 제공하는 이 교재의 범위를 벗어난 추가 윤리강령에 대해서도 고려할 필요성이 있다. 본 단원은 윤리적 의사결정 과정에서 다수의 윤리강령 및 전문표준문서 사용에 대한 논의로 마무리된다.

윤리강령과 전문기준의 유사성과 차이

자원에 대해 다루기 전에 "윤리강령"과 "전문기준"으로 명명된 문서 사이의 유사성과 차이점을 탐구하는 것이 도움이 될 것이다. 이 이름 뒤에 숨은 의미는 무엇인가? 왜 윤리 관련 교재에서 두 가지 유형의 자원을 고려해야 하는가? 차별화는 실무에서는 모호할 수 있지만, 가장 전형적인 이들 문서 유형 간에는 두 가지 차이점이 있다. 첫째로, 전문 표준 문서는 종종 전문가가 특정 분야에서 따를 것으로 예상되는 최소한의 행동 요건, 즉 적절한 고객 서비스에 필요한 행동의 처방으로 간주된다. 최소한의 요구사항은 윤리강령에도 포함되지만, 이러한 문서는 종종 기본 규정의 처방을 넘어 실무자들이 실천 전반에 걸쳐 지속적으로 노력하도록 권장되는 염원적 원칙을 포함하도록 의도된다(Welfel, 2013). 예를 들어, APA(American Psychological Association)의 심리학자의 윤리 원칙 및 행동 강령(APA, 2016)은 심리학자들이 그 직업의 가장 높은 이상을 지향하도록 지도하고 영감을 주려는 의도 하에 "인간 본성에의 염원"으로 묘사되는 5가지 일반 원칙으로 시작된다(p.3). 심리학의 맥락 안에서 제시되고 논의되는 다섯 가지 원칙은 다음과 같다: (a) 복지제공과 비유해성, (b) 충실성과 책임, (c) 진실성, (d) 정의, (e) 사람의 권리와 존엄성 존중. 단계별 처방은 어떻게 그러한 이상을 달성할 수 있는지와 관련해서는 유용하지 않고, 일상의 결정에 영향을 미치는 지속적인 안내 원칙이 될 것으로 기대된다.

업무의 특성상 많은 사람들이 하나 이상의 전문 협회나 자격 증명 기관에 소속되어 있어 복수의 윤리강령과 실천 기준의 숙지는 전문적 필수요건으로 여겨진다.

두 번째 차이점은 전문 표준 문서는 일반적으로 주로 실무자의 관점에서 작성된다는 것이다. 예를 들어 CAS(Council for the Advancement of Standards in Higher Education)의 "CAS 고등교육 전문가 기준" 제정과 관련한 다음의 문구를 고려해 볼 필요가 있다.

CAS는 35년 전에 고등교육 실무자와 기관을 안내하는 전문가 실천 기준을 개발·공포하기 위한 목적으로 설립되었다. 특히 대학생과 함께 일하는 것에 관하여… 이러한 기준의 채택과 적용은 전문가가 학생들의 학습과 발달을 지원하고 궁극적으로 학생들을 성공으로 이끄는 양질의 프로그램과 서비스를 만들 수 있게 했다(Wells, 2015, p.1−8).

기본 중점을 학생 서비스 제공자의 행동에 두는 것에 주목해야 한다. 반면 윤리강령은 주로 '고객 복지를 보호하고 증진하기 위해' 작성되어(Remley & Herly, 2001, p.8), 초점과 언어는 고객 지향적이다. 예를 들어 NCDA 윤리강령의 주요 목적 중 하나는 다음과 같다: NCDA 윤리강령은 진로서비스를 받는 사람들이 진로전문가와 함께 일함으로써 무엇을 기대할 수 있는지 이해하고 이러한 서비스의 소비자로서의 권리와 책임을 이해할 수 있도록 안내하는 역할을 한다(p.2). 이 경우, 고객은 문서의 주요 목표 대상이자 수혜자로 정의된다.

이러한 이론적 차이에도 불구하고, 일부 전문 협회 문서는 최소 전문가 기준과 희망 원칙을 모두 포함함으로써 그러한 구별 경계를 모호하게 만든다(APA, 2016; NCDA, 2015; Wells, 2015). 또한 하나의 문서 유형이 반드시 다른 유형보다 나은 것은 아니라는 것을 인식하는 것도 중요하다.

두 문서 유형은 모두 우리 전문직군에 의미 있는 기여를 한다. 진로전문가들은 업무 시 직업윤리강령과 전문가 기준을 둘 다 고려하도록 권장된다.

윤리강령 및 전문가 기준 문서 예시

이 절은 8개 전문협회의 윤리강령과 전문가 기준 문서 개요를 살펴본다. 이러한 개요는 진로 코치, 대학 상담사 및 진로센터 직원, 상담사 및 심리학자, GCDF, 학교 상담사, 진로 사정전문가를 포함하는 전문가별로 분류되었다. 각 문서는 간략한 연혁, 핵심 구성요소 개요 및 진로전문가들이 관심을 가지는 차별화되는 기여의 하이라이트로 구성된다(해당 문서 목록과 접근 방법은 <표 4.1> 참조).

진로 코치. ICF(International Coaching Federation)는 기업 코치, 중소기업 코치, 고객의 "개인적 및 진로적 잠재력 극대화"를 지원하는 개인 코치를 위한 원과 자격 증명을 제공한다(ICF, 2015, p.1). ICF 윤리강령은 가장 최근 2015년에 승인되었다. 이 강령은 공인 ICF 전문 코치가 지지하는 1인칭 진술 형식으로 작성되었다. 예를 들어 "코치로서 나는 나의 코칭 자격, 전문성, 경험, 인증, ICF 자격증을 정확하게 인식한다"(p.2). 3부분의 강령은 코칭의 정의, 윤리적 행동 기준, 윤리 서약으로 구성된다. 이 기준에는 일반적인 전문적 행동, 이해 상충, 고객과의 전문적 행동, 비밀보장/개인정보 보호 및 지속적인 발달과 관련된 하위 강령이 포함된다. ICF 윤리강령 문서에 포함되어 있지 않지만, 코칭 핵심 역량(ICF, n.d.a)과 불만이나 잠재적으로 비윤리적인 행동과 관련한 의문사항 접수 과정을 포함한 자료를 ICF 웹사이트에서 추가로 이용할 수 있다(ICF, n.d.b).

⟨표 4.1⟩ 검토된 윤리강령 및 전문가 표준 문서

조직	조직 웹사이트	문서 이름	참조 웹사이트
국가진로발달 협회 (NCDA)	www.ncda.org	NCDA 윤리강령	http://www.ncda.org/aws/NCDA /asset_manager/get_file/3395
미국상담협회 (ACA)	www.counsel ing.org	ACA 윤리강령	https:///www.counseling.org/re sources/aca-code-of-ethics.pdf
미국심리 학회(APA)	www.apa.org	심리학자 윤리 원칙과 행동강령	http://www.apa.org/ethics/code /index.aspx
미국학교 상담사협회 (ASCA)	www.schoolco unselor.org	학교상담사 윤리표준	http://www.schoolcounselor.org /school-counselors-members/le gal-ethical
고등교육 표준 발전위원회 (CAS)	www.cas.edu	CAS 고등교육 전문가 표준	Wells, J. B.(Ed.)(2015) Professional Standard for higher education (9th ed.). Washington, DC: Council for the Advancement of Standards in Higher Education.
국제코칭 연맹(ICF)	www.coachfe deration.org	ICF 윤리강령	http://coachfederation.org/about/ ethics.aspx?ItemNumber=850&na vItemNumber=621
국가대학 교직원 협회 (NACE)	www.nacewe b.org	NACE 전문가 행동 원칙	http://www.naceweb.org/principles /
공인 상담사 국가위원회 (NBCC)	www.nbcc.org	NBCC 윤리강령	www.nbcc.org/assets/ethics/ nbcc-codeofethics.pdf

* NCDA 및 NOICC(National Occupational Information Coordinating Committe) 자문 후 도출할 수 있다(ICF, n.d.b).

GCDF(Global Career Development Facilitators). NCDA는 진로발달 세팅에 종사하는 사람들이 타인의 진로계획 수립을 돕고 의미 있는 일을 획득할 수 있도록 도움이 되는 심층적 훈련 기회를 제공한다. GCDF 교육 프로그램은 국가적으로 훈련되고 자격을 갖춘 강사가 제공하는 집합 또는 교육시간 120시간 이상으로 구성된다. 훈련 프로그램을 수료한 사람은 GCDF 자격을 취득할 수 있는데, 이 자격은 NCDA와 NOICC(National Occupational Information Coordinating Committee)의 자문하에 CCE(Center for Credentialing & Education)가 개발하였다.

이 자격증은 상담학 석사학위를 소지하지 않고 진로서비스를 제공하고 있는 개인들을 위해 설계되었다. NOICC는 1990년대 후반 자격증 및 관련 기준과 훈련 명세서 개발을 지원하기 위해 지원금을 제공했다(Harris-Bowlsbey, Suddarth, & Reile, 2005). GCDF 윤리강령은 1998년에 개발되었고 이후 2015년에 갱신되었다.

GCDF 윤리강령은 온라인에서 확인할 수 있다(CCE, 2015). 이 문서는 다음의 4개 단원을 포함한다: 법적 요건 및 행동 기준 준수, CCE 조직 정책 및 규칙 준수, 서비스 및 기타 고용지원 활동의 뛰어남, 이해 상충 및 업무상 오해 방지. GCDF 학생 훈련매뉴얼(Harris-Bowlsby et al., 2005)은 독자들이 실제 현실의 딜레마를 고려할 때 성찰을 안내하기 위해 워크시트가 있는 20개의 간단한 시나리오를 포함하여, 실무 시 윤리 기준이 적용되는 것을 보여준다.

대학 상담사 및 진로센터 직원. 두 기준 문서가 대학과 대학 환경에서 일하는 진로전문가들을 대상으로 검토되었다.

CAS(Council for the Advancement of Standards in Higher Education). CAS는 41개 전문가 회원 협회의 대표들을 모아 많은 기능적 분야에 걸친 고등교육 기관에서 학생 지원 서비스의 업무를 안내할 수 있는 전문적 행동 기준을 개발하고 공유하고자 하였다(Wells,

2015). 의도는 "모든 사람이 신뢰할 수 있는 사려 깊고 균형 잡히고 달성 가능한 기준을 확립하기 위한 협력적 길"을 제공하는 자원과 과정을 만드는 것이었다(p.1). CAS 고등교육 전문가 표준은 1986년에 처음 발표되었으며, 8회 개정되었다. 2015년 발간된 최신호에는 진로서비스, 학업자문프로그램, 평가서비스, 상담서비스, 국제 학생 프로그램과 서비스, 다문화 학생프로그램과 서비스 같은 프로그램 영역의 전문가 기준이 수록돼 있다. 기준의 활용은 특정 조직의 멤버십에 얽매이지 않으며, 특정한 승인이나 인증으로 이어지지 않는다. 캠퍼스 또는 사무실은 직원의 전문적 발달 제공, 현재 프로그램 평가, 프로그램 및 서비스 개선 기반 제공, 새로운 프로그램 개발, 프로그램 및 서비스에 대한 지원 또는 자원 옹호 같은 다양한 이유로 CAS 프로세스를 자발적으로 수행한다.

CAS 기준에 기술된 각 기능 영역은 다음 주제를 다룬다. 미션; 프로그램; 조직과 리더십; 인적 자원; 윤리; 법률, 정책 및 거버넌스; 다양성, 형평성 및 접근; 내부 및 외부 관계; 재무 자원; 기술; 시설 및 장비, 사정. 각 주제 영역에서 필수 구성요소와 바람직한 구성요소 간 차이점이 제시된다.

진로서비스 장에 수록된 이 단원의 몇 가지 구성요소는 진로전문가에게 특히 흥미로울 수 있다. 예를 들어, 프로그램 부분은 많은 고등교육 기관이 학생들에게 육성하기를 바라는 국제 학생 학습 성취와 함께 진로서비스 사무소에서 제공하는 다양한 유형의 프로그램과 서비스에 대한 상세한 설명을 제공한다. 이러한 결과는 (a) 지식 습득, (b) 인지 복잡성, (c) 개인 내적 발달, (d) 대인 관계, (e) 인도주의와 시민적 참여, (f) 실무 역량을 포함한 6개 영역으로 구성되어 있다. 이러한 구체적으로 정의된 제공과 고객중심적인 결과의 결합은 고등교육 환경 진로전문가들이 그들의 환경 맥락 안에서 그들의 프로그램을 지지하고 옹호할 언어를 찾는 것을 돕는다. CAS 기준의 두 번째 유용한 구성요소는 진로센터의 경영, 조직 및 일상적인 리더십을 위해 제공되는 지침이다. CAS 표준은 이러한 주제를 다른 많은 윤리 규정이나 전문 표준 문서보다 훨씬 상세하게 다루며, 고등 교육 환경에서 일하는 진로전문가들에게 큰 가치를 제공한다.

NACE(National Association of Colleges and Employer). NACE는 대학 진로전문가, 대학, 고용주 사이의 관계를 지원한다. 대학 모집의 원칙과 실천이 "학생들에게 부당한 압력"을 가하는 것으로 인식되는 문제 있는 관행을 완화하기 위해 1950년대 중후반에 처음 초안되고 발표되었다(Bridgman, 1957, p.27). 여러 입학 협회가 이 문서의 초안을 작성했는데, 이 초안은 대학, 종합대학, 기업 임원, 관련 정부 기관, 대학 입학 위원회(현재의 NACE)가 채택 전에 검토했다. 이후 상임위원회는 매년 원칙을 갱신하고 회원들에게 자문 서비스를 제공한다. 2012년 NACE는 현행 진로서비스 및 고용전문가를 위한 전문적 행동 원칙을 발표했는데, 이는 특히, 진로센터 모집 및 배치 운영과 관련된 윤리적 고려사항을 구체적으로 다룬다.

NACE 실천 원칙(NACE, 2012a)은 진로서비스 전문가, 고용전문가, 제3의 구인자의 3종류 목표 대상을 대상으로 한다. NACE 원칙 도입부에 언급한대로, 이 문서의 목적은 지원자와 고용주 모두에게 공정하고 공평한 채용 관행, 고지되고 책임 있는 의사결정, 고용 및 경험적 학습 기회의 자유롭고 개방적인 선택을 증진시키는 환경… 지원자가 자신의 재능을 최적화하고 개인적 목표를 달성할 수 있는 그런 곳을 지원하는 것이다(p.1). 이러한 목표는 "학대 가능성을 줄이면서 진로서비스 및 고용 전문가의 협력적 노력을 지원하기 위해 디자인된 일련의 지침을 통해 달성된다.

NACE 실천 원칙에 더해, NACE는 문서의 사용과 해석을 지원하기 위한 온라인 서비스를 제공한다. 원칙 사용자 지침(NACE, 2012b)이라는 제목의 온라인 간행물은 각 원칙의 취지와 근거를 명확히 한다. 다양한 원칙을 위한 특정 시나리오, 해결책, 추가 자원을 이용할 수 있다. 또한, NACE는 대학 채용 행사에 술 포함 여부, 진로센터의 상업화와 같은 일반적인 진로센터 염려점들을 다루는 여러 가지 백서와 기사를 제공한다. 이러한 자원은 특히 지원자와 고용주 모두와 함께 일하는 진로전문가들에게 도움이 될 수 있다.

　　학교 상담자. ASCA(American School Counselor Association)는 학생들의 학업, 개인 및 진로발달 요구에 참여하기 위해 자격이나 면허를 취득한 전문학교 상담사의 요구를 반영하기 위한 국가 전문기관이다. 학교상담사를 위한 ASCA 윤리기준(ASCA, 2010)은 1984년에 처음 발표되어 지금까지 네 차례 개정되었다. ASCA 윤리위원회는 장기 계획에서 ASCA 이사회가 요청할 때마다 기준을 맞추고 개정한다. 모든 ASCA 구성원의 피드백을 얻기 위한 공개 발표 기간이 있고, 뒤이어 대표자 총회가 개정 또는 승인을 한다(C. Stone, 사적 연락, 2008년 10월 28일).

　　ASCA 윤리기준은 서문에 이어 학생에 대한 책임, 학부모/보호자에 대한 책임, 동료와 전문적 협력자에 대한 책임, 학교, 지역사회 및 가정에 대한 책임, 자신에 대한 책임, 전문 집단에 대한 책임, 기준의 유지의 6개 단원으로 구성되어 있다. ASCA 윤리 기준의 특히 흥미로운 구성요소는 미성년자와 부모 또는 보호자와 함께 작업할 때 고객 기록의 비밀유지와 관련한 것이다. ASCA 문서에서 해당 논의는 NCDA 윤리강령의 논의보다 상당히 상세하게 설명되어 있는데, 미성년자 또는 동의가 불가능한 다른 고객과 함께 일하는 진로실무자에게 유용한 참고자료가 된다.

　　상담사와 심리학자. 여기에서 검토한 최종 3가지 윤리강령은 석사 및 박사급 상담 교육을 받은 사람들을 다루지만, 다양한 상담 전문 분야 또는 환경에 대해 말하는 협회와 제휴되어 있을 수 있다.

ACA(American Counseling Association). ACA는 다양한 세팅에 있는 전문상담사의 요구를 대변하는 국가 전문기관이다. ACA의 첫 번째 윤리강령은 1963년에 발표되었으며, 대략 7년에서 10년마다 개정되었다(Kocet, 2006). 2014년에 발간된 현행 ACA 윤리강령에는 서문과 목적 진술, 그리고 상담 관계; 비밀보장 및 개인정보 보호; 전문적 책임; 다른 전문가와의 관계; 평가, 사정 및 해석; 수퍼비전, 훈련 및 교육; 연구와 출판; 원거리 상담; 기술 및 소셜미디어; 윤리문제해결의 9가지 주요 내용 섹션이 포함되어 있다.

ACA는 상담 관련 특정 이해관계나 실무 분야를 중심으로 조직된 몇몇 공인 분과 기관의 모기관이다. NCDA는 ACA 분과 중 하나로, 두 협회 간의 강한 업무관계 때문에 NCDA와 ACA 윤리강령 사이에는 많은 유사성이 있다. NCDA가 ACA 윤리강령과는 별개의 윤리강령을 제시하기로 한 반면, 다른 공인 분과는 다른 전략을 채택하였다. "진로발달 윤리에 대한 사례 연구(2009)"초판에는 ACES(Association for Counselor Education and Supervision's)의 상담 수퍼바이져 윤리 지침 프로파일이 수록되었다(ACES, 1993). 최근, ACES 지침은 2014 ACA 윤리강령에 통합되었다. 결과적으로, ACES는 고유한 지침을 계속 유지하는 대신 회원들에게 그 자원을 알리는 것을 선택했다(M. Wiggins, Personal Communication, 2016년 7월 29일).

APA(American Psychological Association). APA는 심리학자로 전문적으로 인정된 사람들을 위한 국가 전문기관이다. APA는 1953년 첫 번째 윤리강령을 발표하기 15년 전인 1938년에 과학과 전문가 윤리위원회를 설립했다(Pope & Vetter, 1992). 그 이후 APA 강령은 8번 개정을 거쳤는데, 최신 버전은 2002년에 출판되어 2010년과 2016년에 개정되었다. APA 심리학자 윤리강령 및 행동기준(APA, 2016)은 안내, 서문 및 일반적 원칙 소개로 시작한다. APA 심리학자 윤리강령 및 행동강

령은 다음의 열 가지 윤리적 기준으로 구성된다: 윤리문제해결; 역량; 인간관계; 개인정보 및 비밀보장; 광고 및 공적 언급; 기록 보존 및 수수료; 교육 및 훈련; 연구 및 출판; 사정; 치료 등 10가지 윤리적 표준으로 구성된다. 마지막으로, 수정 단원이 기재되어 있다. 이 기준들은 심리학자들에게 "강제적 실행 규칙"이 되도록 의도되었다(p.2). APA의 또다른 흥미로운 기여는 APA 심리학자 윤리 원칙과 행동 강령 편집의 변천사를 보여주는 문서의 제공이다. 윤리 행동 강령의 변천사에 관심이 있는 사람들은 상기 자료 조사를 할 수 있다(APA, N.d).

NBCC(National Board for Certified Counselors). NBCC는 국가적으로 공인된 전문상담사 자격 증명을 제공하는데, 일반상담자(National Certified Counselors)와 전문상담자(National Certified School Counselors, Certified Mental Health Counselors, Master Addiction Counselors) 모두를 포함한다. 첫 번째 NBCC 윤리강령은 1982년에 개발되었고 7번 개정되었으며, 가장 최근에는 2012년 10월 개정되었다.

NBCC 윤리강령(NBCC, 2012)은 7가지 윤리적 원칙(위해 방지, 교육 자격, 고객의 복지 증진, 진실한 의사소통, 신뢰로운 위해와 피해 방지, 적극적 참여 장려, 믿음)에 따라 구성된 95개의 진술문으로 구성되었다. NBCC는 원거리 서비스를 용이하게 하는 인터넷과 기타 기술(전화, 이메일, 채팅 기반 상호작용, 비디오 기반 상호작용, 소셜네트워킹)의 도움으로 발생하는 원거리 상담서비스 관련 별도 문서를 제공한다. NBCC와 CCE 간 파트너십으로 만들어진 '원거리 전문서비스 실천'(NBCC, 2016) 책자는 원격서비스를 지원하는 기술의 사용을 명확히 규정하는 일련의 정의 뿐 아니라 상담 실무 유형 관련 유용한 분류 체계를 제공한다. 뒤이어 NBCC 윤리강령 원칙을 확장하는 20가지 윤리적 기준이 이어진다.

추가 자원. 여기서 개괄한 8개 전문협회 윤리강령과 전문가 기준 문서는 진로전문가가 안내를 위해 의지할 수 있는 유용한 자원의 예를 제공한다. 이 목록은 완벽성을 의도하지는 않았고 한계도 갖는다. 상기 윤리강령이 여러분의 작업 환경과 요구에 적용될 때 추가적 관점 및 자원을 찾아볼 필요가 있다. 예를 들어, 여기에 분석된 모든 협회는 미국에서 설립되고 같은 나라에 본부가 있다. 진로전문가들은 IAEVG(the International Association of Educational and Vocational Guidance; 1995)의 윤리적 기준(1995)과 같은 국제적 관점에 의해 다르게 알려진 자원을 고려하기를 원한다. 저자는 이 문서를 본 교재에 분석할 수 없었는데, 2016년에 윤리 기준이 개정 중에 있었고 본 교재와 새로운 문서 작성은 이 출판 이후에야 공개될 것이기 때문이었다. 더 많은 정보를 얻기 원하면 IAEVG 웹사이트(http://iaevg.net/)를 방문하면 된다.

요약

<표 4.2>는 NCDA 윤리강령(2015) 뿐 아니라 본 장에서 검토한 윤리강령 및 전문 표준 문서의 주요 구성요소로 표현되는 "세부 내용 영역"을 비교한다. 이 비교를 통해 우리는 어떻게 관련 조력 전문직 회원들이 윤리적 도전과 지원 필요성을 바라보는지에 관한 통찰을 얻기 위해 경향, 유사성 및 차이점을 탐구한다.

이 표에서 볼 수 있듯이, 비록 구체적인 언어와 권고사항은 문서별 주요 대상자에 따라 약간 다르지만, 전문적인 행동/책임, 고객과의 관계, 비밀보장, 기록 유지의 네 가지 내용 영역은 검토된 모든 문서에 포함되어 있다. 이 세 가지 콘텐츠 영역이 광범위한 포함은 진로전문가와 고객 간의 전문적 관계와 의사소통이 매우 중요함을 의미한다. NCDA 윤리강령은 "진로전문가의 기본 책임은 서비스를 제공하는 개인의 존엄성 존중과 복지증진"이라고 명시함으로써 이러한 내용을 명확히 반영한다(A.1.a). 상호신뢰와 신뢰를 바탕으로 한 관계는 다른 모든 노력이 진

행되는 토대가 된다.

　기타 공통되는 내용 영역에는 수퍼비전 및 교육, 다문화 역량/사회
정의, 고객 사정, 다른 전문가와의 관계, 리퍼, 연구 및 출판, 수수료 주
제가 있다. 이는 진로전문가가 일상 업무에서 자주 접하는 이슈와 활동
이지만, 전문분야 실무에서는 다르게 보일 수 있다. 예를 들어, 고객 사
정을 위해 진로와 정신건강 영역 모두 전문인 상담사(2014 ACA 윤리강
령을 참고해야 하는)가 내린 리퍼 결정은, 진로 코치(2015 ICF 윤리강령을
참고해야 하는) 또는 학교상담사(ASCA의 학교상담 윤리적 기준을 참조해
야 하는)가 진행한 고객 리퍼 또는 사정 결정은 서로 다르다. 상기 세
협회의 윤리적 지침은 공통점과 각기 다른 실무 세팅에서 기인된 고유
의 통찰을 제공한다. <표 4.3>은 다른 관점을 설명하기 위한 윤리 지
침의 예시를 보여준다. 모든 세 가지 강령에서 리퍼는 고객이 다른 전
문가에게 더 나은 서비스를 받을 수 있을 때 결정되어야 한다는 공통점
이 있음을 주목해야 한다. 그러나 이것을 진술하는 방식은 다르다. ACA
는 상담사가 고객에게 제공할 "전문적 역량이 부족한" 경우에 초점을
맞추지만, 가치 충돌은 리퍼의 충분한 이유가 되지 않는다고 강조한다.
ACA와 ASCA 모두는 상담 지속이 고객에게 "더 이상 필요하지 않다"거
나 "이익을 주기 어렵다"고 판단될 때 상담자가 리퍼나 종결 결정을 하
는 것이 적절하다고 명쾌하게 언급한다. 반면, ICF 강령은 리퍼 결정의
주체가 누구인지에 지적하고 있지 않다. 또한, ASCA 강령은 리퍼 고지
를 위해 부모(보호자)와 학생, 두 대상을 언급하고 있는데, 이는 다른 강
령에 비해 두드러지는 차이점이다. 언급한 차이점과 어떻게 문서들이
서로 다른 작업 환경에 메시지를 전달하는지를 인식하는 것은 당면한
문제에 대한 보다 풍부하고 깊은 고려를 가능하게 한다. 다양한 윤리
자원의 참조와 여러 강령의 학습은 우리의 윤리적 민감성과 이해를 증
진시키는 이점을 제시할 것이다.

〈표 4.2〉 윤리강령과 전문가 기준 문서의 비교

기관	문서명	최근 개정	관련 자격	전문적 행동/책임	다문화/사회정의	고객과의 관계	비밀보장	고지평가	인터넷·기술이용	기록보관	수임료	서비스홍보	전문적 자문관계	동료와의 관계	리퍼	수퍼비전/훈련	연구/출판	윤리문제해결	민원접수
NCDA	NCDA 윤리강령	2015	No	✓	✓	✓	✓	✓	✓	✓	✓	✓	✓	✓	✓	✓	✓	✓	
ACA	ACA 윤리강령	2014	No	✓	✓	✓	✓	✓		✓	✓	✓		✓	✓	✓	✓	✓	
APA	심리학자 윤리 원칙과 행동강령	2016	No	✓	*	✓	✓	✓		✓	✓	✓		✓		✓	✓	✓	
ASCA	학교상담사 윤리표준	2010	No	✓	✓	✓	✓		✓				✓	✓	✓		✓	✓	✓
CAS	CAS 고등교육 전문가 표준	2015	No	✓	✓	✓	✓	✓	✓			✓	✓	✓	✓				
ICF	ICF 윤리강령	2015	Yes	✓	✓	✓	✓			✓	✓			✓	✓				✓
NACE	NACE 전문가 행동 원칙	2012	No	✓	✓	✓	✓	✓	✓	✓			✓					✓	✓
NBCC	NBCC 윤리강령	2012	Yes	✓	✓	✓	✓	✓	✓	✓			✓	✓	✓		✓		
CCE	GCDF 윤리강령	2015	Yes	✓	✓	✓		✓		✓				✓	✓	✓			

*분리된 문서

〈표 4.3〉 세 가지 윤리강령에서 리퍼 관련 지침의 비교

강령	리퍼 언급 내용 발췌
ACA 윤리강령 (2014)	**A.11.a. 역량 범위 내 종료 및 리퍼** 상담자가 고객에게 전문적 조력을 할 역량이 부족한 경우, 상담자는 상담관계 시작 또는 지속을 피해야 한다. 상담자는 문화적, 임상적으로 적절한 리퍼 자원을 잘 알고 있어야 하며, 대안을 제시한다. 만약 고객이 제안된 리퍼를 거절한다면, 상담자는 해당 관계를 중단한다. **A.11.b. 종결 및 리퍼 시 가치** 상담자는 개인적으로 가지고 있는 가치관, 태도, 신념 및 행동에 근거하여 미래와 현재의 고객을 언급하는 것을 삼간다. 상담자는 고객의 다양성을 존중하여야 하고, 자신의 가치를 고객에게 강요할 위험이 있을 때, 특히, 상담자의 가치가 고객의 목표와 일치하지 않거나 본질적으로 차별적일 때 해당 분야의 훈련을 모색한다. **A.11.c. 적절한 종결** 상담자는 고객이 더 이상 도움을 필요로 하지 않거나, 이익이 없거나, 상담 지속으로 피해를 입고 있는 것이 합리적으로 분명해지면 상담 관계를 종료한다.
ASCA 윤리강령 (2010)	**A.5. 적절한 리퍼** 전문학교 상담자: a. 학생 및/또는 가족 지원 시 외부자원이 필요하거나 적합한 경우 리퍼하라. 적절한 리퍼를 위해서는 부모(보호자)와 학생 모두에게 활용 가능한 자원을 알리는 것과 서비스 중단을 최소화하면서 변화에 대한 적절한 계획을 수립하는 것이 필수적이다. 학생들은 언제든지 상담관계를 중단할 권리를 갖는다. d. 더 이상 상담 조력이 필요하지 않거나 학생의 요구에 더 잘 부응하기 위해 리퍼가 필수적이라는 것이 분명해졌을 때 합리적인 상담종료 방법을 개발한다.
ICF 윤리강령 (2015)	**제3장: 고객 대상의 전문적 행동** 코치로서 나는... 23. 고객과 후원자가 다른 코치와 다른 자원에게 더 나은 서비스를 제공받을 수 있다고 생각되면 코치 변경을 권유하고, 고객이 필요하다고 판단될 때 다른 전문가의 서비스를 받을 것을 제안한다.

마지막으로, 검토된 문서에서 절반 이하로 나타난 일부 콘텐츠 영역, 즉 광고서비스, 전문 자문 제공, 인터넷 및 기술사용에 대해 주의를 기울일 필요가 있다. 언급한 영역은 진로전문가들의 작업과 함께 진화하고 있다. 예를 들어, 기술 및 소셜네트워킹의 새로운 돌파구는 서비스 증진의 기회일 뿐 아니라 데이터 보안 및 저장, 고객 접근 용이성, 온라인 개인정보 보호 및 비밀보장, 실무 환경에 신속한 기술 통합, 적절한 지원과 관련된 새로운 윤리적 딜레마의 주요 원인이다(Makela, 2015). 진로전문가의 노력은 주요 이슈를 부각시키고 의사결정 지침을 제공하는 윤리강령 및 전문 기준문서에 의해 지지된다.

또한 시간이 지남에 따라 기술 및 자문 파트너십의 성장과 변화가 지속될 것임을 인식하는 것이 중요하다. 윤리적 지침 또한 관련성과 실용성을 유지하기 위해 정기적인 개정을 통해 적응하고 변화되어야 한다.

이용 가능한 윤리강령과 전문적 지침 문서의 다양성과 광범위함을 인식하는 것은 여러분을 압도할 수 있다. 관련 문서에는 읽어야 할 페이지도 많고 기억해야 할 페이지도 너무 많다. 우리는 공통 요소의 요약과 각기 다른 자원의 내용과 특별한 제공 물에 대한 안내가 가용한 정보처리에 도움이 되는 기반이 되길 바란다. 이제, 진로전문가들이 어떻게 언급한 다양한 자원을 활용할 수 있는지 생각할 차례다.

다수 윤리강령 및 전문 표준문서 실무 활용

윤리지침 개발은 특정 분야의 전문화와 성숙을 위한 필수적인 단계로 간주되기 때문에(Keith-Spiegel & Kocher, 1985; Wilensky, 1964) 전문가 협회는 예측 가능한 미래를 위해 고유의 문서를 지속적으로 유할 것이다. 진로전문가는 시간과 주의를 요하는 다양한 자원 활용을 위해 어떤 조치를 취할 수 있는가?

아마도 좋은 시작점은 윤리강령과 전문 표준 문서들이 모두 유사한 일련의 아이디어와 핵심 가치에 기초하고 있다는 것을 기억하는 것이다. 이 문서들은 고객을 지원하고 실무 표준, 적절한 서비스 및 일반적인 함정을 피하기 위한 전략에 대해 전문가를 교육하기 위해 설계되었다. 또한, 이 문서들은 비유해성, 복지제공, 자율성 존중, 정의, 충실성, 진정성의 기본적 윤리 원칙을 반영한다(원칙 관련 구체적 내용은 1장 참조). 다양한 윤리강령과 전문 기준 문서 간 차이점은 종종 서로 다른 전문 집단이 자신의 업무에 접근하는 관점에서 발견된다. 각각의 문서들은 필수 교육과 훈련, 업무 환경, 일반적 고객 상호작용, 일상적 도전과제에 기초하여 특정 전문가 문화로부터 온 집단에 의해 개발된다. 한 전문가 문화는 다른 전문가 문화와 다르기 때문에, 때로는 약간씩 그리고 대단히 많이 윤리강령과 전문 기준은 그러한 차이를 반영한다.

> 다양한 윤리강령과 전문 기준 문서 간 차이는 각기 다른 전문집단이 업무에 접근하는 관점에서 발견된다.

아마도 윤리적 의사결정의 가장 큰 도전은 복수의 윤리강령과 전문 기준문서와 관련이 있을 때 발생할 수 있다. 마찬가지로, 전문가 동료가 알아챈 정보와 기관 실무는 둘 이상의 출처 사이에 명백한 모순을 초래할 수 있다. 어떻게 차이가 조정될 수 있을까? 이 같은 윤리적 퍼즐을 해결하기 위한 단일 처방은 없다. 다른 상황과 환경은 가용 자원의 다른 적용을 요구할 수 있다. 그러나 윤리적 의사결정의 다양한 구성요소를 고려함으로써(제2장 참조), 이러한 복수의 정보 출처에 나타나는 전략은 여러분이 옵션을 고려하는 과정에서 유용한 참고 자료가 된다.

만약 여러분이 업무 중에 모순된 정보를 지각한다면, 당신에게 이용 가능한 자원과 전략을 이용하라. 예를 들어, 여러분이 어떻게 문제를 식별하고 정의하는지를 고려하는 것으로 시작할 수 있다(2장의 구성요소 1). 여러분이 참조하고 있는 각 윤리강령 및 전문 표준 문서에 근거한 정의가 어떻게 전달되고 있는가? 당신의 성찰을 알리기 위해 수집하고 싶은 추가 정보는 무엇인가? 특히 어떤 근본적 윤리 원칙이 상황과 특히 관련이 있는지에 대한 성찰을 계속한다(구성요소 2). 당신은 이 원칙들 사이에서 갈등을 인지하고 있는가? 그런 다음, 시간이 지남에 따라 발전한 윤리적 민감성에 근거하여 통찰을 제공하는 여러분 자신의 감정에 맞춘다(구성요소 3). 다른 윤리강령 및 전문 기준 문서에 대한 여러분의 전문가 의무와 관계를 고려한다(구성요소 4). 특정 기관의 자격, 인증, 또는 회원 자격 때문에 여러분이 어떤 문서를 준수해야 하는가? 상사와 동료, 특히 모순되는 문서와 자원 활용 경험이 있는 사람에게 적절한 자문을 받는다(구성요소 5). 그들은 이러한 출처를 어떻게 해석하는가? 상황에 대해 여러분이 원하는 결과를 확인하고, 윤리강령 및 전문 기준 문서에서 정보를 확인하여 여러분의 잠재적 행동을 고려한다(구성요소 6, 7). 여러분의 행동에서 예상하는 결과가 당신이 원하던 것인가? 마지막으로, 여러분이 행동을 취할 때, 여러분의 과정과 반응 및 궁극적인 결과를 문서화하라. 이 문서는 여러분이 근거를 가지고 행동한 과정을 증명하며, 향후 결정을 고지할 수 있는 기록과 성찰을 제공한다(구성요소 8, 9). 보다시피 윤리강령과 전문 기준 문서는 어려운 상황을 타개하는 데 도움이 되는 자원이지만, 다면적인 의사결정 전략의 한 측면으로 사용될 때 가장 강력하다.

    마지막으로, 윤리강령과 전문 기준 문서는 끊임없이 진화하는 자원이라는 것을 기억해야 한다. 그것들은 알려지거나 알려지지 않은 특정 상황에서 일하는 전문가 집단의 현재 최선의 사고를 나타낸다. 여러 전문직 협회의 문서들을 성찰하는 것의 한 가지 이점은 진로전문가가 일상 업무에서 접하는 윤리적 딜레마에 대한 다른 관점을 접하게 된다는 것이다. 윤리적 딜레마에 대한 이러한 다중 관점은 우리가 새로운 상황과 환경, 새로운 문화와 인구, 그리고 새로운 고객 요구에 직면할 때마

다 서로 배울 수 있는 기회를 제공한다. 예를 들어, 학생과 학부모의 다
중관계를 균형 있게 조율하고 있는 고등학교 생활지도 상담자는 학생과
학부모 권리에 대한 광범위한 진로발달 관점에서 통찰력을 얻기 위해
NCDA 윤리강령을 검토하면 도움을 받을 수 있고, 학교 세팅에서 아이
들 및 가족과의 작업에 특정한 정보를 얻기 위해서는 ASCA 학교상담사
윤리 표준을 검토하는 것이 도움이 된다.

아마도 진로발달 전문가들을 위한 보편적이거나 보다 통일된 윤리
강령이 존재할 때가 올 것이다. 하지만, 그 시간까지 우리는 현재 이용
가능한 자원과 전략으로 최선을 다하기를 열망하며, 서로의 전문성과
경험으로부터 배움을 지속해야 한다.

참고문헌

American Counseling Association. (2014). *2014 ACA code of ethics.* Retrieved from https://www.counseling.org/ knowledge-center/ethics

American Psychological Association. (2016). *The ethical principles of psychologists and code of conduct.* Retrieved from http://www.apa.org/ ethics/code/index.aspx

American Psychological Association (n.d.). *Compare the 1992 and 2002 ethics codes.* Retrieved from http://www. apa.org/ethics/code/committee-2016.aspx

American School Counselor Association. (2010). *Ethical standards for school counselors.* Retrieved from http://www.schoolcounselor.org /school-counselors-members/legal-ethical

Association for Counselor Education and Supervision. (1993). *Ethical guidelines for counseling supervision.* Lake Worth, FL: Author.

Bridgman, D. S. (1957). The story behind the statement. *Journal of College Placement, 18,* 27-32.

Center for Credentialing and Education. (2015). *Global Career Development Facilitator Code of Ethics.* Retrieved from http://www.cce-global. org/Assets/Ethics/GCDFcodeofethics.pdf

Harris-Bowlsbey, J., Suddarth, B. H., & Reile, D. M. (2005). *Facilitating career development: Student manual* (2nd ed.). Broken Arrow, OK: National Career Development Association.

International Association of Educational and Vocational Guidance. (1995). *IAEVG Ethical Standards.* Retrieved from http://iaevg.net/

International Coach Federation. (2015). *ICF code of ethics.* Retrieved from http://coachfederation.org/files/About/ ICF%20Code%20of%20Ethics% 20July%202015.pdf

International Coach Federation. (n.d.a). *ICF coaching core competencies.* Retrieved from http://coachfederation.org/credential/landing.cfm?ItemNum ber=2206&_ga=1.14371381.38617802.1473304927&RDtoken=64113&user ID=

International Coach Federation. (n.d.b). *The international coach federation ethical conduct review process.* Retrieved from http://coach federation.org/about/ethics.aspx?ItemNumber=853&navItemNumber=636

Keith-Spiegel, P. & Koocher, G. P. (1985). *Ethics in psychology: Professional standards and cases.* New York, NY: Random House.

Kocet, M. M. (2006). Ethical challenges in a complex world: Highlights of the 2005 ACA code of ethics. *Journal of Counseling and Development, 84*, 228–234.

Makela, J. P. (2009). *A case study approach to ethics in career development: Exploring shades of gray.* Broken Arrow, OK: National Career Development Association.

Makela, J. P. (2015). *Ethical use of social networking technologies in career services* [Technical Report]. Broken Arrow, OK: National Career Development Association. Retrieved from http://www.ncda.org/aws/NCDA/asset_manager/get_file/110167

National Association of Colleges and Employers. (2012a). *Principles for professional practice for career services and employment professionals.* Bethlehem, PA: Author.

National Association of Colleges and Employers. (2012b). *User's guide to the principles for professional conduct.* Retrieved from http://www.naceweb.org/knowledge/principles-for-professional-practice-guide.aspx

National Board for Certified Counselors. (2007). *National Board for Certified Counselors policy regarding the provision of distance professional services.* Retrieved from http://www.nbcc.org/ethics

National Board for Certified Counselors. (2012). *National Board for Certified Counselors code of ethics.* Retrieved from http://www.nbcc.org/ethics

National Board for Certified Counselors. (2015). *National Board for Certified Counselors policy regarding the provision of distance professional services.* Retrieved from http://www.nbcc.org/ethics

National Board for Certified Counselors. (2016) *National Board for Certified Counselors policy regarding the provision of distance professional services.* Retrieved from www.wvbec.org/images/11.16 NBCCPolicyRegardingPracticeofDistanceCounselingBoard2.2016.pdf

National Career Development Association. (2015). *2015 NCDA code of ethics.* Retrieved from http://www.ncda.org/aws/NCDA/asset_manager/get_file/3395

Pope, K. S., & Vetter, V. A. (1992). Ethical dilemmas encountered by members of the American Psychological Association: a national survey. *American Psychologist, 47*(3), 397.

Remley, T. P., Jr., & Herlihy, B. (2001). *Ethical, legal, and professional issues in counseling.* Upper Saddle River, NJ: Merrill Prentice Hall.

Welfel, E. R. (2013). *Ethics in counseling and psychotherapy: Standards, research and emerging issues* (6th ed.). Belmont, CA: Thomson.

Wells, J. B. (Ed.). (2015). *CAS professional standards for higher education* (9th ed.). Washington, DC: Council for the Advancement of Standards in Higher Education.

Wilensky, H. L. (1964). The professionalization of everyone? *American Journal of Sociology, 70*(2), 137-158.

5장

사례 연구

사례 연구

이 장에서는 진로발달 전문가가 윤리적 딜레마를 맞딱뜨리는 최근 현실 상황을 반영한 새로운 8가지 사례를 소개한다. 이러한 딜레마는 학제간 파트너십, 놀라운 다중관계, 소셜미디어 활용 이슈, 조사 결과 관리 같은 다양한 상황에서 발생한다. <표 5.1>는 각 사례 제목과 주요 주제에 대한 개요가 작성되어 있다. 각 사례는 2015 NCDA 윤리강령, 관련 윤리문헌, NCDA 윤리위원회 위원들로부터 피드백을 받았다. 일부 사례는 본 교재 초판 발간 이후 7년 동안 진행된 NCDA 윤리위원회와의 토론에서 얻은 것이다. 이 책의 모든 사례는 비밀유지가 필요한 윤리위원회의 실화나 특정 상황을 언급하지 않는다.

이 책의 사례들은 각 윤리적 난제에 대한 능동적 대처를 돕기위해 설계되었다. 제시된 상황들은 진로전문가들이 일상 업무에서 직면하는 다중관계, 이해상충, 정보격차 등의 복잡한 문제들과 흡사하다. 해당 사례 연구에 여러분의 시간과 에너지를 쏟는다면, 윤리적 딜레마, 바람직한 결과와 가능한 조치에 대한 성찰을 위해 필요한 윤리적 민감성 고취뿐 아니라 업무에 적용가능한 윤리적으로 건전한 전략 수립 능력 발달에 도움을 받을 것이다(Burden & Byrd, 2003).

〈표 5.1〉 사례 개요

사례 번호	사례 제목	핵심 주제
1	넘치는 자긍심	동의, 자율성 존중, 비유해성
2	도움을 주기엔 너무 가까움	다중관계, 비밀보장, 라포와 신뢰성
3	진로교육인가 사생활 침해인가	적절한 사정, 고용주 정책, 고객 옹호
4	신중한 "좋아요"	전문적 경계, 다중관계, 소셜미디어
5	의도는 좋았지만	편견 인식, 자율성 존중, 수퍼비전 요청
6	적색 경계 경보	비유해성, 비밀보장의 제한, 경고 의무
7	군중 속의 고독	고객 옹호, 사회 정의, 집단 개입
8	설문조사 결과를 원하는 이들	조사자 책임, 참여자에 대한 헌신, 학제 간 팀

사례의 최대 활용

각 사례는 해당 윤리적 딜레마에 대한 논의를 촉진하기 위해 간단한 시나리오와 안내된 성찰을 제시한다. 각 사례의 가장 효율적인 활용을 위한 몇 가지 조언은 다음과 같다.

시나리오. 각 사례는 진로전문가가 윤리적 딜레마에 직면하는 상황을 보여주는 간단한 시나리오로 시작한다. 안내된 성찰을 하기 전에 개별적 또는 동료 그룹과 함께 시나리오에 대해 성찰할 것을 강력히 권장한다. 시나리오를 주의 깊게 검토하고 다음을 고려해야 한다:

• 관련자 간 관계(예: 진로전문가와 고객, 진로전문가와 진로전문가, 진로전문가와 고용주)는 어떠한가?

• 개인 간 역동은 무엇이며 이해상충 우려 지점은 어디인가?

• 윤리적 딜레마의 본질은 무엇인가? (1장 말미 논의의 원인).

- 어떻게 이 상황이 발생했는가? 예측하거나 예방할 수 있었을까?
- 어떤 추가 정보가 도움이 될 것인가?
- 해당 딜레마 관련 논의에서 어떤 가정이 내려질 수 있는가? 당신이 이 상황에 처해있다면 잠정 도출된 가정들의 타당성을 어떻게 검증할 수 있겠는가?

당면한 이슈를 이해하는 것은 야기된 도전적 문제해결을 위한 중요한 첫 단계다.

〈표 5.2〉 안내된 성찰 단계와 윤리적 의사결정모델 구성요소의 비교

안내된 성찰 단계	윤리적 의사결정모델의 공통 구성요소*
1. 관련된 문제 및 윤리적 문제를 식별하라.	1. 문제를 식별하고 정의하라. 2. 관련된 기본 윤리 이슈를 고려하라.
2. 감정을 살펴라.	3. 감정을 살펴라.
3. NCDA 윤리강령과 적절한 다른 자문 자원을 활용하라.	4. 윤리강령을 참조하라. 5. 적절한 자문을 요청하라.
4. 원하는 결과를 파악하라.	6. 원하는 결과를 파악하라.
5. 가능한 조치를 고려하고 선택하라.	7. 가능한 조치와 그에 따른 결과를 고려하라. 8. 행동을 선택하고 실행하라.

*마지막 공통 구성요소(9. 과정의 문서화와 결과의 성찰)는 사례 제시 형식 때문에 논의되지 않았다. 문자는 행동 실천을 의미하지 않고, 문서는 각 사례별로 여러분의 창의적인 성찰을 제한하는 광범위한 가정 없이는 현실적인 방안을 도출하지 못한다. 브레인스토밍과 탐색을 제한하기보다는 이 단계를 포함하지 않았다.

안내된 토론. 각 시나리오 다음에는 상황에 대한 숙고와 토론을 장려하는 안내된 성찰이 있다. 성찰을 위한 질문은 제2장에 요약된 윤리적 의사결정 모델 9가지 일반적 요인과 대부분 일치한다(<표 5.2>). 모든 사례에서 성찰은 관련 문제 및 포함된 윤리 이슈 규명, 진로전문가의 정서 확인, 2015 NCDA 윤리강령지침 확인, 원하는 결과 및 해당

결과 도출을 위해 가능한 조치 확인 단계로 구성된다.

본 교재에서는 2015 NCDA 윤리강령이 각 사례별 핵심 지침 안내의 주요 근거라는 점을 아는 것이 중요하다. 제4장에서 보았듯이 진로발달 실무자에게 전문적 기준과 윤리적 의사결정 관련 지침을 제공하는 가용 자원은 무궁무진하다. 그러나 이러한 자원의 대부분은 특정 전문가 그룹(진로코치, 대학상담사 및 진로센터직원, 상담교육자와 수퍼바이져, 상담자와 심리학자, GCDF, 학교상담사, 진로사정 전문가)를 위해 맞춤 제작된 것이다.

NCDA 회원자격은 언급한 각 집단 이외에도 다른 집단에 속한 개인도 폭넓게 포함한다. NCDA 윤리위원회는 최근 개정된 NCDA 윤리강령에 이처럼 광범위한 회원자격을 포함시키기로 하였다. 본 교재는 NCDA의 서비스 대상 범위와 동일하게 광범위한 독자층을 대상으로 설계되었기 때문에, 현장의 윤리적 딜레마내용들이 다양한 구성원을 위해 설계된 자원, 즉 NCDA 윤리강령과 연결지어 설명하는 것이 적절하다고 판단하였다. 이러한 이유로 특별히 언급되지 않는 한 본 교재의 모든 윤리강령 참고문헌은 부록인 2015 NCDA 윤리강령 조항에 근거한다.

마지막으로, 윤리적 딜레마의 복잡성으로 인해 본 교재에 제시된 '안내된 성찰' 부분이 현실적으로 각 사례와 관련된 모든 역동을 다룰 수 없다는 점을 기억하길 바란다. 여러분은 본 교재에 제시된 많은 생각들에 동의할 수도 있고, 추가하고픈 새로운 통찰이나 방향을 갖게될 수도 있다. 많은 상황에서 정답은 하나가 아니라는 점을 기억하길 바란다. 제시된 논의를 도약을 위한 시작점으로 여기길 바란다. 쓰여진 내용을 성찰한 후 더 깊이 질문하여 자신만의 생각을 탐구하라. 당신의 생각은 본문에 기술된 내용과 어떻게 비슷한가 또는 다른가? 당신이 여전히 알아내기 어려운 분야는 무엇인가? 제시된 시나리오 성찰에 필요한 정보가 거의 없을 때는 가정과 잠정적 해석을 하는 것이 합리적인데, 어떠한 추가적 방향이나 생각의 흐름을 포함하겠는가? 저자들이 가장 중요하게 여기는 것은 이 책이 윤리적 민감성을 향상시킬 수 있는 훌륭한 도구라는 것을 여러분이 이해함과 동시에 다른 방향과 가능성을 탐색할 기회를 즐기는 것이다.

사례를 넘어 실무에의 적용

여러분은 각 사례를 자신의 업무 환경에 적용하기 위한 방법을 생각할 필요가 있다. 당신의 직장 생활에서 비슷한 상황이 일어날 수 있는 지점은 어디인가? 어떤 예방 조치를 취할 수 있을까? 윤리적 딜레마를 막을 수 없다면 어떻게 상황을 빨리 인식하고 효과적인 대처 방안을 준비할 수 있을까? 어떤 관행이나 정책이 조직에서 발생 가능한 윤리적 문제를 대비하고 해결하는 데 도움이 될까?

이것은 우리가 어려운 도전에 직면하기 전, 즐길 수 있고 호기심과 탐구심으로 가득 찬 시점과 안전한 공간에서의 탐험을 가능하게 하는 초대장이다. 저자는 여러분이 이 여행을 즐기고 그 과정에서 많은 것을 배울 수 있기를 바란다.

사례 1. 넘치는 자긍심 케이스

핵심 주제: 동의, 자율성 존중, 무해성 원칙

시나리오. 남부 공립대학 진로센터는 사무실 확장에 즈음하여 새로운 마케팅 캠페인을 발표했다. 진로 센터 마케팅 담당자 신디는 대학 마케팅팀과 신중하게 협력하여 대학 데이터베이스에서 사용이 승인된 전문적 사진을 활용하여 디자인을 하고 강력한 메시지를 고안하였다. 중요 포스터에는 캠퍼스 유명 상징물 근처에서 졸업식 예복을 입고 축

하하고 있는 행복한 모습의 학생들이 묘사되어 있다.

어느 날 신디가 사무실에서 업무를 보고 있을 때 문을 두드리는 소리가 들렸다. 방문객은 자신을 티모시의 할아버지 찰스라고 소개하였으며, 티모시는 신디가 제작한 포스터에 있는 행복한 학생 중 한명이었다. 찰스는 진로센터를 지나가다가 졸업식 가운을 입고 있는 티모시를 즉시 알아보았다고 말했다. 티모시는 그의 가족 중 처음으로 대학에 갔고, 그의 졸업을 지켜보는 것은 가족 모두에게 큰 의미가 있다는 설명을 하면서 눈물을 글썽였다. 그러나 지금 다른 사람들이 우러러보는 졸업생 모델로 주목받는 티모시를 보니 말로는 형언할 수 없는 큰 의미가 느껴진다고 하였다. 그는 매우 공손하게 집으로 가져가서 다른 가족들과 공유할 수 있도록 해당 포스터의 복사본을 요청하였고 이를 위해 무엇이든 지불할 용의가 있다고 하였다. 신디는 그의 이야기와 제안에 매우 감동받았다. 그러나 한편으로 그녀는 이 요청의 의미가 무엇인지 의구심이 들었다. 그녀가 찰스를 응대할 때 반드시 고려해야 할 점은 무엇인가?

안내된 성찰. 안내된 성찰을 진행하기에 앞서 시나리오를 읽으면서 당신은 개인적으로나 대학의 일원으로서 강하게 감동받았을 것이다. 시나리오 탐색에 충분한 시간을 갖는 것은 여러분의 윤리적 민감성 증진을 위한 최고의 방법이 될 것이다. 이때, 5장 초반의 시나리오 성찰 질문을 사용하거나 <표 5.2>의 윤리적 의사결정모델을 따르는 것이 좋은 출발점이 될 것이다.

문제의 규명과 연관된 윤리 이슈 파악. 이 시나리오에는 동의 및 자율성 존중을 핵심으로 하는 몇몇 윤리적 고려사항이 있다. 이 시나리오는 신디가 대학 데이터베이스에서 사용이 승인된 전문적인 사진을 얻기 위해 대학 마케팅팀과 협력하는 것으로부터 시작한다. 신디는 학생들이 대학 데이터베이스에 저장될 사진을 찍을 때 재능기부 동의에 서명했고, 캠퍼스 내 마케팅 캠페인에 사용가능하다는 것을 알고 있었다. 사실, 이 이유 때문에 신디가 마케팅 홍보물을 위한 사진을 이 데이터베

이스에서 고른 것이다. 그러나 해당 사진을 개인적이나 사적인 용도로 써도 좋다는 동의 내용은 찾아볼 수 없었다. 따라서, 개인적 용도를 위해 쓰길 바라는 대학 외부인에게 포스터 복사본을 주는 것은 사진 속 학생들의 동의 범위를 벗어난다고 판단할 수 있다. 동의 내용 외 다른 목적의 사진 사용은 '자율성 존중'위반 소지도 있다. 해당 학생들은 자신이 가진 정보와 자원 활용의 방향성을 결정할 권리를 가지기 때문이다.

추가적으로 이 시나리오에서는 비유해성 원칙도 고려되어야 한다. 찰스의 이야기는 매우 감동적이지만 우리는 이 시점에서 찰스가 진짜 티모시의 할아버지인지 확인할 방법이 없다. 한편으로 해당 사진의 출처가 다른 대학 데이터베이스라면, 우리는 해당 사진의 학생이 티모시인지도 알 수가 없다. 그러므로, 사진에 나타난 다른 학생들의 동의가 문제되지 않더라도(예를 들어, 티모시 독사진인 경우) 여전히 티모시의 동의와 관련한 문제가 존재하게 된다. 이러한 관계의 역동에 대한 이해가 없다면, 우리는 해당 학생과 전혀 관련 없는 제3자로 행동할지를 결정해야 하는 어려운 상황에 빠질 것이다.

감정 인식. 진로전문가가 경험하는 감정은 종종 윤리적 딜레마 존재 여부를 알려주는 정서적 나침반의 역할을 한다. 이 사례에서 감정은 우리의 가슴을 미어지게 할 수 있다. 표면적으로 신디는 찰스의 기쁜 이야기를 듣는 동안 즐거움이나 고양됨을 느낄 수 있고, 가족의 성공을 축하해주고 싶은 열망에 빠져들기 쉬울 것이다. 그러나 조금 더 생각해 보면 신디가 포스터 공유를 고려할 때 다음과 같은 망설임과 염려가 일어나는 것을 느낄 수 있을 것이다. 그녀가 정말 이 포스터를 해당 목적으로 제공할 권한이나 허가를 받았는가? 이것이 다른 학생들에게는 어떤 영향을 줄까? 그녀는 한편으로 어떻게 그녀가 티모시의 가족이라는 것을 확인할 수 있을까? 티모시는 자신의 포스터가 할아버지에게 전달되길 원할까? 티모시를 보호하기 위해 그녀가 책임져야 하는 것은 무엇인가?

NCDA 윤리강령과 다른 자문 자원 활용. 2015 NCDA 윤리강령 섹션 A(진로상담전문가와 고객 간 전문적 관계)와 섹션 B(비밀 보장, 면책 특권 정보, 개인정보 보호)에는 본 사례와 관련된 이슈가 직접적으로 나타나며, 핵심적인 세부 하위강령은 <표 5.3>에 제시하였다. 해당 강령 전문은 첨부문서에 기재하였다.

〈표 5.3〉 사례 1 관련 2015 NCDA 윤리강령

강령	하위강령	
A	A.1.a 주요 책임	A.2.a 고지된 동의
B	B.1.b 개인정보 존중	B.6.f 종결 또는 리퍼
	B.1.c 비밀보장	

이 시나리오에서 신디는 관련된 다른 이해당사자의 입장을 고려할 필요가 있다. 그리고 그녀 앞에는 자긍심으로 충만한 찰스가 있다. 그의 이야기가 가슴을 따뜻하게 하기 때문에 그의 요청을 들어주고 싶은 유혹을 느낄 수 있으나 고려해야 할 이해당사자는 찰스만이 아니다. 진로전문가의 우선적 책임은 서비스를 제공하는 개인의 존엄성을 존중하고 복지를 증진시키는 것이다(2015 NCDA 윤리강령 A.1.a). 이 경우 신디의 서비스 대상자는 대학생과 동문이며, 사진에 있는 티모시와 다른 학생들, 그리고 졸업생들이 그녀의 주요 고객이다. 고객의 요구와 흥미를 우선적으로 고려하는 것이 신디의 책무이다.

주요 고객인 사진 속 학생들은 재능 기부에 동의했고 이는 2015 NCDA 윤리강령 A.2.a에 기술된 고지된 동의와 동일한 효력을 갖는다. 대학 당국이 합당한 문서를 통해 학생들의 자유의사로 합의한 이 관계에서 관련자들은 합의 내용 준수 의무를 가지며, 이것은 고객의 동의없이 정보 공유를 하지 않는다는 신뢰성 존중의 원칙(B.1.c)에 해당된다. 이 시점에서 가장 적절한 다음 조치는 신디가 찰스에게 포스터를 유출

하기 전에 이 사례와 관련된 모든 학생들에게 직접적으로 동의를 구하는 것일 것이다(B.6.f).

신디가 사진에 나타난 참여자들의 정보 파악과 이 요청 수락을 설득할 시간적 여유가 있는지에 따라 이 조치는 실현가능하거나 아닐 수 있다. 그렇지만 여기에는 여전히 티모시가 해당 포스터를 가족과 공유하는 것이 편한지 여부와 관련된 티모시 보호 관련 의문이 남아있다(B.1.b).

원하는 결과 확인. 신디는 찰스의 경험과 가족의 기쁨에 대해 좋아하고 존중하고 싶은 한편 학생 복지를 가장 우선하는 진로센터의 충실성을 유지하고 싶을 것이다. 이때 신디는 찰스에게 타협적 방안, 예를 들어 포스터의 물리적 복사본을 집에 가져가지 않고도 가족들과 해당 광고를 공유할 수 있는 또 다른 방법을 제시할 수 있을 것이다.

가능한 조치의 고려와 선택. 초반에 신디는 찰스와의 곤란한 상황을 인정하지 않을 수도 있다. 그녀는 그 이야기에 감명 받았다는 것과 이 일이 창문에서 포스터를 내리는 것처럼 간단하길 소망한다는 것을 찰스에게 알릴 수 있다. 동시에 그녀는 해당 사진이 대학 행정부의 소유이며 진로센터는 단지 마케팅 용도로 사용 허가를 받은 것이기 때문에 배포하거나 판매할 수 없다는 설명을 할 수 있다. 그녀는 또한 티모시를 포함한 사진 속 학생들이 해당 용도로 한정된 재능 기부에만 동의 서명을 하였고, 어떤 의미에서는 대학의 엄격한 방침을 준수함으로써 그녀가 손자를 보호하고 있는 것이라는 이유도 설명할 수 있을 것이다.

신디는 이후에 그의 가족들과 공유할 수 있는 몇 가지 선택지를 찰스에게 제안할 수 있다. 그는 공적으로 공개된 포스터를 사진으로 찍을 수 있다. 대중적 캠퍼스에 공개된 사진과 관련해서는 특별한 규칙이 없으며 포스터를 촬영한 사진은 휴대가 매우 편리할 것이다. 또 다른 방법은 찰스가 대학 데이터베이스 담당 행정부서 담당자에게 이야기를 하는 것이다. 대학 행정부서는 원래 재능 기부를 했던 학생들과 연락하여 추가적인 동의를 받을 수 있는 다른 방안을 가지고 있을 수도 있다.

사례 1은 윤리적 딜레마가 항상 스트레스로 가득차거나 부정적인 곤경에 의해서만 일어나지는 않는다는 것을 상기시켜주는 좋은 예다. 때로는 가장 행복한 상황이 윤리적 사면초가를 야기할 수 있다. 어떤 다른 행복한 상황들이 흥미로운 윤리적 의문을 야기할 수 있을까?

사례 2. 도와주기엔 너무 가까운

핵심 주제: 다중관계, 신뢰성, 라포와 믿음

시나리오. 한느는 학생처 내 이웃부서를 위해 채용위원회에서 일해줄 것을 요청받고 도움을 줄 수 있어서 매우 기뻤다. 한느는 중견 사립대학 진로서비스를 위해 채용위원회 업무를 진행하면서 다른 부서에서 온 채용위원회 동료에게 얻은 중요한 통찰들에 대해 잘 알고 있었고, 새로 만난 구성원들과 관계를 형성할 기회를 즐겼다. 우리가 한느를 처음 만났을 때 채용위원회는 지원자들의 첫 번째 전화 인터뷰 회기를 마쳤었고, 캠퍼스 방문 인터뷰를 준비하고 있었다.

물론 한느는 이 학생처 채용위원회 업무를 수행하는 동안에도 진로서비스 센터의 일상적 일과를 계속 수행하였다. 어느 날 아침 한느는 처음 만나는 고객 젠과 진로상담 회기 30분을 위해 전화 약속을 잡았고, 그녀는 본 대학 고등교육 석사학위 프로그램을 막 졸업한 참이었다. 젠은 스트레스를 표현하기 시작했고 "나는 수많은 회사에 지원했는데 겨우 얻은 첫 번째 면접에서 떨어질 것 같아요. 나는 내가 뭘 잘못하고 있는지 모르겠어요. 나는 내 서류들을 체크하고 또 체크했는데 이건 공평하지 않아요."라고 이야기했다. 한느는 젠의 감정을 반영하고 상황을 완전히 이해하기 위한 후속 질문을 했고, 그 과정에서 잔소리를 하고 싶은 충동을 떨칠 수가 없었다. 젠의 이야기는 이상하게 친숙한 느낌이었고, 한느는 그것이 무엇 때문인지 즉시 지칭할 수 없었는데 아마도 내용이 아니라 젠의 목소리, 그녀가 다음에는 어떻게 해야 할지 모르겠다고 머뭇거리면서 중간에 말을 멈추는 방식이 친숙한 듯 했다. 진로상담 시작 후 25분경에 한느는 드디어 연결점을 찾았는데, 젠을 알아보게 한 것은 채용위원회 업무가 이유였다. 젠은 학생처 포지션에 지원을 했었고 첫 회기 전화인터뷰를 했으나 채용위원회의 관점에서는 잘 진행되지 못한 인터뷰였다. 한느가 이 사실을 알게 되었을 때 젠이 해당 포지션에 불합격 사유에 대한 내부 정보와 잠재적으로 다른 채용에서도 불합격할 수 있는 사유들이 급격히 떠올랐다.

이제 한느는 무엇을 해야 할까? 한느는 젠에게 방금 그녀가 떠올린 연결고리에 관해 말할 수 있으며, 채용위원회에서 그녀의 역할에 대해 사실대로 말할 수도 있을 것이다. 내부 정보를 얻는 일은 젠에게 매우 유용할 수 있을 것이다. 그러나 한느가 진행 중인 채용 관련 정보를 밝힌다면 젠은 더 이상 이 포지션의 후보자가 아니라는 것을 알게 될 것이다. 한느가 새로운 관계에서 해당 정보를 젠에게 알림으로써 해를 줄 가능성이 있을까? 그리고 젠은 면접관 중 한사람인 한느에게 진로조력을 요청하고 있었단 사실을 어떻게 느낄까? 이제 다음 상담 약속을 위해서는 5분만이 남아 있고 시간은 계속 가고 있다. 한느는 어떻게 행동해야 할까?

안내된 성찰. 우리는 안내된 성찰을 진행하기에 앞서 여러분들이 개인적으로나 동료들과 함께 이 시나리오를 깊게 성찰하기를 권장한다. 시나리오 검토에 충분한 시간을 갖는 것은 여러분의 윤리적 민감성 증진을 위한 최고의 방법이 될 것이다. 이때, 5장 초반의 시나리오 성찰 질문을 사용하거나 <표 5.2>의 윤리적 의사결정모델을 따르는 것이 좋은 출발점이 될 것이다.

문제 규명과 관련 윤리 이슈 파악. 한느는 의도적이지 않게 젠과 다중관계에 얽히게 되었다. 한느는 학생처 포지션 후보자 젠의 역량을 평

가한 한편 잡서치 업무에서는 젠의 조언자와 조력자의 역할을 하고 있다. 한느가 두 가지 역할을 수행하고 있다는 것을 젠은 모르기 때문에 이 상황은 한층 더 복잡한 양상을 띠게 되었다. 핵심은 한느가 어떻게 다중관계로 인한 충격을 최소화하면서 상황을 설명할지와 젠에게 유사 위해를 최소화 할 수 있는지에 대한 것이다(비유해성).

한느는 내부 정보인 젠의 인터뷰 결과를 공유하여 초래될 여러 문제들에 대해 염려할 수 있다. 먼저, 젠과의 정보 공유는 젠에게 배신감이나 상처를 줄 수 있다. 젠은 이제 막 그녀의 취직 어려움에 대한 민감한 정보를 털어놓기 시작했는데 그녀가 고민을 털어놓은 사람이 채용위원회 일원이라는 것을 곧 알게 된다. 젠은 자신이 털어놓은 정보가 해당 포지션을 위한 자신의 역량 평가에 영향을 주었을 거라는 선입견을 가질 수 있다. 또는 젠은 예상했던 것보다 더 개인적인 정보, 예를 들어 실제 자신의 면접 스킬 정보 등이 공개되었다는 것에 당혹감을 느낄 수 있고, 이것은 조력 관계를 위한 라포나 신뢰 구축에 손상을 줄 수 있다.

한느는 채용위원회나 젠과 연관된 결정에서 자신을 배제시킬 의무가 있는지 궁금할 수도 있다. 만약 그렇다면 그 이유를 밝혀야 할 의무가 있는가? 그녀가 젠을 진로 조력을 원하는 고객으로 규정할 때 이것이 채용위원회의 신뢰를 깨트리는 일이 될 것인가?

궁극적으로 한느는 복지제공에 초점을 맞출 가능성이 크다. 어떻게 모든 관련자들에게 잘할 수 있을까? 한느는 젠이 최상의 결과를 얻을 수 있도록 진로목표를 성취하는 방향으로 나아가도록 돕는 한편, 동시에 채용위원회가 성공적으로 채용과정을 마칠 수 있도록 돕는 방안을 지향할 가능성이 높다. 한느는 어떻게 이 두 가지 목표사이에 균형을 유지할 수 있을까?

감정 인식. 진로전문가가 느끼는 감정은 윤리적 딜레마가 존재한다는 신호를 주는 정서적 나침판으로 작용한다. 젠의 이야기를 들으면서 한느는 그녀가 구직활동 과정에서 겪은 우여곡절에 연결되어 연민과

공감을 느꼈을 수 있다. 이 모든 과정에서 한느는 불확실성 또한 느꼈을 것이다. 젠의 이야기에만 온전히 집중할 수 없게 만드는 부분, 그녀의 마음 이면에서 해결하기 원하는 놓친 부분이 있다. 한느는 깨달음의 순간 이후 5분 남짓의 상담시간 내에 노선을 결정하고 행동해야 한다는 급박함 때문에 두려움과 압박을 느꼈을 가능성이 있다. 서두르는 마음이 자리잡음에 따라 이 상황에 분노하는 마음이 슬슬 생겨나고 어떻게 이런 일이 생길 수 있었는지 의구심이 들 것이다. 누구나 지금 추가적으로 떠오르는 생각과 더불어 이 상황을 초래한 업무 과정에 대한 당혹감과 향후 조치를 취하기 어렵게 만드는 감정을 상상할 수 있을 것이다.

NCDA 윤리강령과 다른 자문자원 활용. 2015 NCDA 윤리강령은 이 사례에 적합한 정보를 제공한다. A. 고객에 대한 책임과 적절한 돌봄, B. 개인정보보호와 신뢰성 섹션, F. 전자미디어의 보호 섹션이 이 사례에 해당한다. 이번 논의에서 주목해야 할 윤리강령 하위조항은 <표 5.4>에 제시하였고, 해당 강령의 전체 내용은 부록 A에 제시하였다.

〈표 5.4〉 사례 2 관련 2015 NCDA 윤리강령

강령	하위강령	
A	A.1.a 우선적 책임	A.10.a. 포기 금지
	A.4.a 위해 회피	A.10.d. 서비스의 적절한 리퍼
	A.5.f. 다른 관계	
B	B.1.b. 개인정보 존중	B.1.c 신뢰 존중
C	C.2.e 윤리 의무 관련 조언 요청	
D	D.1.c 학제간 팀워크	D.1.d 신뢰성
F	F.4.e 전자정보에서의 의사소통 차이점	

한느는 경쟁하는 두 충성대상으로서, 고객인 젠에게 질 높은 서비스를 제공해야 할 책임과 채용위원회 일원으로서의 역할 수행 의무 사이에서 사로잡힌 느낌이 들 것이다. 이 두 역할 사이에서 그녀가 균형을 잡고, 점점 끝나가고 있는 약속 시간 내 그녀의 빠른 조치를 돕기 위해 어떤 지침이 가능할까?

먼저, 우리는 빠른 윤리적 결정 압박을 느낄 때조차도 당면한 상황에 대해 주의 깊게 생각할 수 있는 시간, 공간, 기타 자원들을 스스로에게 허용하는 것이 더 이롭다는 것을 아는 것이 매우 유익하다. 2015 NCDA 윤리강령은 윤리적 이슈나 딜레마가 발생했을 때 진로전문가가 수퍼바이져, 다른 전문가들, 심지어 NCDA 윤리위원회에 조언을 구할 것을 권장한다(C.2.e). 약속된 시간이 얼마 남지 않았고 대답해야할 많은 질문들이 남았을 때, 행동하기 전에 이 사안의 여유로운 조사가 될 수 있는 도움이 있다는 것을 아는 자체가 한느에게 편안함을 줄 수 있다.

> 윤리적 딜레마는 종종 행동과 의사결정을 서둘러야한다는 생각에 의해 발생한다. 우리는 사안 전체를 살펴볼 수 있는 여유를 가질 때 보다 나은 결정을 할 수 있다. 언제가 속도를 늦추기에 적합한 때라는 걸 알 수 있을까? 무엇이 패닉의 감정을 경감시켜 당신이 사려 깊게 일을 진행하도록 할까?

한느가 젠과 일할 때, 한느의 우선 책임은 고객의 복지 증진과 존엄성 존중에 있다(A.1.a). 한느는 젠이 힘들어하거나 길을 잃은 감정을 느낄 수 있는 갑작스러운 행동을 하길 원하지 않는다. 한느는 젠이 앞으로 진로센터 서비스에 불편감을 느낄 수 있는 상황을 만들길 원하지 않는다. 젠에게 다중관계를 밝히는 어떤 경우에도 한느가 개인정보 존중과 신뢰성 원칙 준수의 의무감을 느끼는 것은 매우 중요하고(B.1.b, B.1.c), 한느는 전화 예약 시스템 때문에 고객을 인식할 단서가 제한되어 둘 사이의 상호작용 연결지점을 늦게 알게 되었다는 것을 알릴 필요가 있다. 이런 설명을 통해 한느는 젠에게 해를 주는 것을 피할 수 있으며(A.4.a), 진로서비스 센터와도 신뢰성 있고 존중하는 관계를 구축할 수 있다.

한느의 다중역할 때문에(A.5.f), 젠이 진로서비스 센터 다른 전문가에게 조력을 요청하는 것이 최선일 것이다. 이 경우에 한느가 매끄러운 리퍼 절차를 통해 젠을 도와주는 것이 적절하다(A.10.a, A.10.d).

채용위원회 업무와 관련하여 한느는 채용위원회의 구성원으로 필요한 논의(D.1.c.)와 더불어 고객인 젠의 신뢰 유지(D.1.d)를 위한 욕구를 주의 깊게 살펴봐야 할 필요가 있다. 이 두 가지 니즈가 동시에 상충할 때는 양쪽의 니즈를 공개하는 방법이 있으며, 관련 내용은 다음의 가능한 행동 단원에서 다룰 것이다.

원하는 결과 확인. 이 사례에서 각 이해당사자가 원하는 결과를 생각해보자. 한느의 개인적인 입장에서는 상황을 단순화하여 다중관계로 인한 스트레스가 경감되기를 원할 것이다. 그녀는 진로전문가와 후보자를 추천하여 대학에 기여한다는 두 의무사이에 사로잡힌 이 상황으로부터 어떻게 스스로를 세련되게 빼낼 것인가?

젠이 원하는 결과는 진로센터 서비스 과정에 대한 신뢰와 강한 라포 형성일 수 있다. 젠의 희망은 자신이 어려움을 극복하고 선택한 분야 직장에 안착할 때까지 진로센터가 필요한 지지를 제공하는 곳으로 남는 것이다.

마지막으로 채용을 관할하는 학생처가 원하는 결과는 어떤 방해나 어려움 없이 채용을 성공적으로 마무리짓는 것일 것이다.

가능한 조치의 고려와 선택. 초기에 한느가 젠이 누구인지 알고 놀란 것과 시간이 제한된 것을 고려할 때, 한느에게 적합한 조언은 젠과의 다른 연결고리를 밝히거나 다른 조치 없이 상담을 종결하는 것이다. 만약 한느가 투명성을 위해 이 상황을 밝힌다면 고객에게 충분히 이 상황을 설명할 시간이 매우 제한된다. 만약 이 공개가 라포에 해가 되고

고객이 당황스럽거나 상처받은 채로 상담을 그만둔다면 어떻게 할 것인가? 만약 고객이 화가 나서 떠난 후 채용위원장에게 부당한 대우에 항의한다면 어찌할 것인가?

갑작스러운 감정과 고객과의 상황 처리에 짧은 시간만이 남은 한느에게 여유와 시간을 가지는 것이 더 나은 접근법일 수 있다. 일단 약속 시간이 종료되면 한느가 수퍼바이져나 믿는 동료에게 상황을 설명하고 도움을 요청할 것이 권장된다. 5장 초반에 제시된 윤리적 의사결정 모델에 따른 의사소통은 한느에게 스트레스와 상황의 비익숙함을 넘어서 차분하게 사유할 수 있는 기회를 제공할 것이다.

여기에서, 한느가 채용위원회 업무를 하며 동시에 젠의 구직기술 관련 내부정보를 가진 상태에서 젠에게 진로상담을 하는 것은 매우 어려울 거라는 것이 분명하다. 젠이 한느의 경험과 시각에 기반한 도움을 받을수록 이 방법으로 얻어진 정보들은 편향되어 있고, 도움이 되지 않으며 잠재적으로 라포를 손상시킬 수 있을 것이다. 이 학생처 포지션을 위한 젠의 인터뷰가 단순히 운이 나쁜 일진 때문이고 젠의 능력을 광범위하게 나타내지 못한다면 어떻게 할 것인가? 만약 전화 인터뷰를 너무 많이 진행한 하루여서 한느의 기억력이 정확하지 않고 다른 면접대상자와 혼동한 것이라면 어떻게 할 것인가? 보다 효과적인 방법은 젠이 진로서비스 센터에서 모의 면접을 보고 피드백을 받는 것이다. 그러나 한느가 이전 경험 때문에 중립적이기 어렵다고 판단되면 다음 회기에 젠을 다른 전문가에게 리퍼하는 것도 좋다.

마지막으로 젠이 채용위원회에 전달할 내용이 없는지 확인하는 것이다. 이 사례에서 채용위원회는 이미 젠을 두 번째 면접 대상자로 선정하지 않기로 결정했고 젠은 더 이상 해당 포지션의 후보자가 아니었다. 이 상황은 한느에게 유리하다. 젠의 후보자격 관련 추가 논의가 없는 한 한느는 다른 관계에 대해 공개하거나 그 논의로부터 자신을 보호할 필요가 없다.

만약 젠이 여전히 학생처 포지션 채용 과정에 있었다면 한느가 채용위원회에 취할 다음 행동은 달라졌을 것이다. 그때 한느는 젠의 지원 논의에서 자신을 보호하는 것이 바람직하다. 왜냐하면 한느는 후보자 젠이 겪은 채용과정에 대한 내부 정보를 가지고 있어서 젠에 대한 판단력이 흐려질 수 있으며, 반대로 고객으로 안면이 있었던 젠에게 다른 후보자들보다 더 호의적인 판단을 내릴 수 있기 때문이다. 보다 도전적인 일은 한느가 스스로를 배제시키기 위해 그 이유를 설명하는 것이다. 여기서는 한느에게 모호한 답변만 할 것을 추천하는데, 대략적으로 지원서 접수 후 젠과 전문적 업무 관계로 만나게 되었고, 더 이상 젠의 지원서 평가에 적합하지 않다고 느낀다는 정도의 언급이 적절하다.

사례 3. 진로교육인가 사생활 침해인가

핵심 주제: 적절한 사정, 고용주 정책, 고객 옹호

시나리오. 남서부 지역 대학(SCC)은 10년 전부터 사이버보안 분야로 유명하다. 해당 프로그램 광고 문구에는 입학 예정 학생은 입학 전에 신원조회와 의무적인 약물검사를 자비로 실시해야 한다는 내용이 있었다. 검사 결과는 입학사정관과 학생 자신에게 공개된다. 검사 이유는 해당 프로그램 졸업생 대부분이 보안정보 접근 허가가 필요한 분야에 취직하길 원하기 때문이다. 보안정보 접근 허가를 받으려면 신원조회와 약물검사를 반드시 통과해야 한다. 이러한 상황에서 해당 프로그램 교수들은 학생들이 돈과 시간과 에너지를 학위과정에 쏟기 전에 해당 요건에 대한 피드백을 주는 것이 적합하고 학생들을 존중하는 것이라 믿었다. 이 사이버 보안 프로그램은 신원조회와 약물검사 관련 어려움을 겪고 있는 입학예정 학생을 돕기 위해 SCC 진로센터와 공고한 협력관계를 갖고 있다. SCC 진로센터 전문가 루치아나는 진로 선택을 고민하고 있는 학생들을 돕는 일을 담당하고 있다.

루치아나는 전공과 진로탐색에 전문성을 가지고 있다. 사실, 그녀는 전체 학생들을 대상으로 진로탐색 교과목을 강의하고 있다. 이 과목에서는 이미 검증되고 잘 설계된 가치관, 흥미, 기술 사정 검사를 실시해야 하며, 일부 학생이 자비로 구입해야 한다. 루치아나는 강의계획서 상에 수업 필수요건을 기재하고, 수업 준비물들은 학기 시작 전 서점과 온라인에서 쉽게 구할 수 있도록 함으로써 학생들이 수업 필요요건을 잘 알도록 하였다. 학생들은 한 학기에 걸쳐 몇가지 자기-사정 검사를 마무리 지어야 한다. 학생들은 수업 중에 상기 검사 결과를 그룹 단위로 해석할 기회를 가지게 되고, 이를 통해 통찰을 얻는다. 자신의 검사 결과를 어느 정도 공개할지, 개인정보로 남겨둘지는 학생들이 개별적으로 결정할 수 있다. 또한 개인 해석과 상담을 원하면 루치아나와 상담 약속을 잡고 사무실을 방문할 수도 있다.

계획대로 진행되던 중 학기 시작 2주 전에 갑자기 캠퍼스 행정팀 직원이 루치아나를 방문하였고, 사이버보안 프로그램에서 채택하고 있는 조력 모델에 캠퍼스 전체가 감명을 받았다는 얘기를 하였다. 이에 따라 캠퍼스 행정팀은 얼마 전 진로탐색 강의 수강생 전체를 대상으로 신원 조회와 약물검사 실시를 결정했고, 검사 결과는 수준 높은 학문적 진로선택에 사용될 수 있을 것이라 말하였다.

루치아나는 깜짝 놀랐다. 충분한 시간 여유가 없는 상황에서 갑작스럽게 강의계획을 변경하라는 요청은 그녀를 매우 불편하게 하였다. 루치아나는 무엇으로 협상에 임해야 하나? 그녀의 강의와 사이버보안 프로그램의 차이점을 어떻게 설명할 것이며, 그녀가 반응을 할 때 고려해야 할 점들은 무엇인가?

안내된 성찰. 우리는 안내된 성찰을 진행하기에 앞서 여러분들이 개인적으로나 동료들과 함께 이 시나리오를 깊게 성찰하기를 권장한다. 시나리오 검토에 충분한 시간을 갖는 것은 여러분의 윤리적 민감성 증진을 위한 최고의 방법이 될 것이다. 이때, 5장 초반의 시나리오 성찰 질문을 사용하거나 <표 5.2>의 윤리적 의사결정모델을 따르는 것이 좋은 출발점이 될 것이다.

문제 규명과 관련 윤리 이슈 파악: 루치아나가 당면한 상황은 진로탐색 과목에서 예측 가능한 여러 어려움을 발생하게 하고, 아울러 관련된 다양한 윤리적 이슈를 야기할 수 있다. 일단, 그녀가 캠퍼스 행정직원의 요청을 따를 경우, 수강 학생들이 갑작스러운 재정지출을 해야 하는 변화가 생긴다. 학생들은 강의를 수강하기 위해 추가적인 비용을 강요받는데, 여기에는 신원조회와 약물검사에 필요한 금전적 부담과 더불어 개인정보를 외부 업체에 제공해야 하는 부담이 포함된다. 예상가능하게도 이러한 부담은 학생들에게 환영받기 어려우며, 불편한 깜짝 이벤트로 느껴질 것이다.

이 요청에 대해 루치아나가 느끼는 망설임과 놀람은 대부분 진로전문가가 가져야 하는 기본적이고 윤리적인 원칙과 상충됨에서 비롯된 감정에서 유래한 것이다. 예를 들어 이 사례에서는 선택 존중 원칙이 간과되었는데, 학생 개인의 삶과 관련된 정보 수집이 수반되는 이 결정은 학생의 선택권에 대한 고려가 포함되어 있지 않기 때문이다. 학생들은 수강신청 전에 이 요구사항을 알지 못했다. 따라서, 이 요청을 따를 경우 학생들은 진로탐색 강의 뿐 아니라 더 나아가 루치아나가 대표자인 진로센터와 SCC 전체 진로서비스 전체에 등을 돌릴 가능성이 높다. 또한, 이 결정은 학생들이 진로탐색과 발달 자원에 쉽게 접근하도록 도와서 학생에 대한 복지수준을 높이려는 루치아나의 열망, 즉 전문가 가치 중 복지제공 원칙과 충돌한다. 이러한 염려는 진로탐색 강의가 졸업요건 중 하나거나, 학위과정에서 진척이 없고 고전중이라는 이유로 강하게 수강을 추천받은 학생들에게 더 큰 영향을 줄 것이다. 이 학생들에게 진로탐색 수업 필수 이수를 강제한다는 것은 SCC가 해당 사적 검사받는 것을 강제하는 것과 같은 것이 된다.

감정 인식. 당면한 상황을 감안할 때 루치아나는 학교 행정직원의 권위에 따른 요구, 개강 전까지 촉박한 시간, 이 상황을 다시 바로잡아 야한다는 의무감에 따른 근심 등의 다각적인 압박감으로 인해 압도되는 감정을 느낄 것으로 보인다. 그녀는 또한 강의계획서와 교수-학습 계획을 막바지에 바꾸라는 요구와 그녀의 학생들을 불편한 상황에 놓이게 한 요청에 대해 분노가 치밀 수 있다. 아울러, 그녀는 학생들을 대변하고 싶은 마음이 들 수 있으며, 강력한 지지를 얻기 위해 학교의 요청에 대한 반대 의견을 모을 수도 있다.

NCDA 윤리강령과 다른 자문자원 활용. 2015 NCDA 윤리강령 중 A. 고객에 대한 기본적 책임과 옹호 의무, B. 개인정보 보호, D. 고용인 정책, E. 심리검사 도구의 적절한 사용과 해석 섹션은 이 사례와 관련된 윤리 이슈를 직접적으로 언급하고 있다. 이 사례와 직접 관련 있는 윤리강령 조항은 <표 5.5>에 상세히 기재하였고, 전체 내용은 부록에 실었다.

〈표 5.5〉 사례 3 관련 2015 NCDA 윤리강령

강령	하위강령	
A	A.1.a. 기본 책임	A.4.a. 무해성
	A.2.b. 필요한 정보의 유형	A.6.a. 옹호
B	B.1.b. 사생활 존중	B.5. 고지된 동의가 불가능한 고객
D	D.1.e. 전문적이고 윤리적 의무의 확립	D.1.h. 부정적인 상황
	D.1.g. 고용인 정책	D.1.i. 징계로부터의 보호
E	E.2. 검사의 활용과 해석 역량	E.6.a. 기관의 적절성

이 사례는 2015 NCDA 윤리강령과 관련하여 논의할 수 있는 내용이 너무 많다. 가장 좋은 논의의 출발점은 사이버보안 프로그램과 비교하여 진로탐색 강의에서 검사도구를 선택하고 제시하는 것이다. 진로탐

색 강의에는 현재 확립되고 검증된 가치관, 흥미, 기술 자기-사정 검사를 사용하고 있으니, 수업 내 자기 사정 과정은 몇몇 진로발달 이론과 합치된다(E.6.a). 검사 결과 해석과 피드백을 위한 시간이 할당되어 있고(E.2), 학생들은 검사결과의 공유 시점과 수준을 선택할 수 있다(B.1.b). 사이버보안 프로그램은 졸업생 대부분이 선택하는 진로분야와 관련되었다는 특별하고 합당한 목적에 의해 신원조회와 약물검사를 선택했다. 그 목적은 학생들이 학위과정을 마친 후 그때까지 몰랐던 극복할 수 없는 장벽 때문에 원하는 진로분야 구직에 어려움을 겪지 않도록 하기 위한 의미 있는 진로조력을 제공하는 것이다. 그러나 다른 진로분야 진출을 원하는 모든 학생들에게도 동일한 우려가 광범위하게 적용되어야만 할까? 진로사정의 일환으로 모든 학생들에게 신원조회와 약물검사 실시를 의무화하는 것은 너무 광범위한 적용이 아닌가? 이러한 요청은 진로발달 분야의 진로 이론이나 높은 전문성에 의해 뒷받침되기 어려우며, 실제로 검사 실시를 지지하지 않는다.

앞부분으로 돌아가서 루치아나는 자신의 강의 설계 시 승인된 진로사정 도구를 포함시킨 근본 이유에 대해 생각하게 될 수 있다. 학생들은 수업 참여 전에 정확히 어떤 유형의 검사를 할지, 얼마의 비용이 들지 정확히 알아야 한다(A.2.b). 일단 검사를 마치고 결과 공유 시 학생들에게는 공유할 것과 하지 않을 것을 결정할 수 있는 자율성과 여유가 주어진다(B.1.b). 또한 우리는 행정직원의 요구 내용에 신원조회와 약물검사를 어떻게 실시하도록 할 것인지, 누가 결과를 해석할지, 결과 기록에 대한 접근 권한을 누가 갖게 될 것인지, 결과가 안 좋은 학생은 누가 도와줄 것인지에 대한 세부사항이 언급되지 않은 점을 주목해야 한다. 수강생 중에 자율성과 검사에 대한 고지된 동의 권리가 없는 미성년자가 있을 경우 상황은 더 복잡해진다(B.5). 우선, 무해성(A.4.a)과 고객 복지 제공(A.1.a)은 진로전문가와 교육자의 의무이다. 이 같은 사례를 단시간에 좀 더 본격적으로 분석하기 위해서는 사전 고지되지 않은 너무나 많은 세부사항들을 살펴봐야 한다.

　　루치아나는 자신이 처한 이 어려운 상황에서 수업에 다른 요건을 추가하기 전에 학생들을 옹호하고 싶은 동기를 느낄 것이다(A.6.a). 2015 NCDA 윤리강령은 부적절한 정책을 따라야 하는 근로 환경의 전문가를 위한 지침을 제공하며(D.1.e, D .1.g, D.1.h, D.1.i), 우리는 이 지침을 기반으로 이 사례를 다시 논의해 볼 필요가 있다.

> 옹호의 핵심은 당면 이슈를 온전히 이해하는 것이다. 루치아나는 교내 교과목 수강생에게 신원조회와 약물검사를 요구하게 된 배경 맥락 이해를 위한 정보를 어떻게 모을 것인가? 행정팀이 현재 요구를 하게 한 원인이 무엇인지 그에 관한 통찰을 그녀는 어떻게 얻을 것인가?

　　원하는 결과 확인. 이 상황에서 진로전문가와 행정직원 각자의 원하는 결과를 확인하는 것은 보다 심층적인 이해를 도울 것이다. 무엇 때문에 행정직원이 이러한 요청을 했는지 이해하는 것은 진로전문가에게 큰 도움이 될 것이다. 아울러 진로전문가는 행정직원에게 이 요청 때문에 학생들이 진로서비스 전체를 외면할 수 있다는 언급을 하고, 동시에 연관된 윤리적 이슈들을 함께 설명하는 것이 효과적일 것이다.

　　궁극적으로 핵심적인 예상 결과는 학생들의 진로선택지 탐색, 진로 의사결정, 진로관리기술 발달을 돕는 안전하고 편안한 기회를 다양하게 접할 수 있도록 하는 것이다. 학생들은 도움을 요청하는 한편, 자기 진로선택에 영향을 주는 정보를 구할 때, 언제 어느 정도까지 누구와 그 정보를 공유할지 결정해야 하며 그 의사결정에 스스로 책임을 질 수 있어야 한다.

　　가능한 조치의 고려와 선택. 이 사례에서 취할 수 있는 가장 바람직한 첫 조치는 개강 전까지 남은 2주라는 시간 제약 프레임 때문에 생긴 압박감을 완화하는 것이다. 새로운 요구를 현실에 적용하기 위해서

는 많은 의문점들을 명확히 할 필요가 있으며, 이 이슈와 함축된 의미를 충분히 검토하기 위한 추가 시간을 요청하는 것이 바람직한 출발점이 될 것이다.

그 다음, 루치아나는 당면 이슈를 완전히 이해하기 위한 조언과 조력을 찾기 시작한다. 도움을 받기 위해 같은 대학 내 전문가에게 상의하거나, 타 대학 전문가에게 유사 사례 처리 경험을 물어보거나, 전문가 집단 윤리위원회에 연락하여 안내를 받을 수 있다. 특히, 담당 행정직원에게 이 요청 관련한 자신의 우려를 명확히 전달하고 이해시키는 단계는 매우 중요하다. 루치아나는 이 사례가 한 영역에서 성공한 프로그램을 정확한 이해 없이 다른 영역에도 적용하길 원하는 대학 행정팀의 관점에서 비롯된 다양한 사례 중 하나임을 염두에 둘 필요가 있다. 실제 진로발달 전문가 경험이 없다면 담당 행정직원은 자신의 요구에 내포된 수많은 문제점들을 이해하지 못 할 수도 있다.

그러나 행정직원 요구의 이면에는 다른 원인이 있을 수도 있다. 루치아나는 이 요구가 시작된 연유에 대해 담당 행정직원과 대화할 수 있다. 그 이유를 알게 된다면 그녀는 학생들을 난감하거나, 개인정보 침해 위험이 있는 상황에 처하지 않게 하고도 행정직원의 목적 달성을 위한 대안을 찾을 수 있을 것이다.

사례 4. 신중한 "좋아요"

핵심 주제: 전문적 경계, 다중관계, 소셜미디어

시나리오. 에바는 지역 센터에서 일하는 젊은 전문가이다. 그녀는 최근 상담 석사학위를 취득하였고 고객 조력업무에 2년의 경력이 있다. 에바는 소셜미디어를 활발히 사용하며 자주 업로드된 내용들을 확인한다. 어느 토요일 아침 에바는 커피를 마시면서 페이스북을 살펴보다가

전날 밤에 있었던 친구의 수영장 파티 사진을 보게 되었다. 바로 '좋아요'를 누른 다음 "신나는 시간 보낸 것 같네. 나도 거기 같으면 좋았을 걸"이라는 답글을 달았다. 다시 사진을 찬찬히 살펴보면서, 에바는 사진 속 사람들 중 한명이 현재 그녀의 고객인 마커스라는 걸 알아챘다. 에바는 사진의 답글과 좋아요 표시를 보고 마커스가 자신을 알아볼 거라는 걱정이 들기 시작했고 패닉에 빠졌다. 고객 마커스가 자신의 개인 계정에 접속해서 업로드한 사생활 관련 사진과 글들을 보진 않을까? 그가 친구 신청을 하면 어떻게 반응해야 할까? 자기가 거절하면 상담 관련 사항들에 영향은 없을까?

안내된 성찰. 우리는 안내된 성찰을 진행하기에 앞서 여러분들이 개인적으로나 동료들과 함께 이 시나리오를 깊게 성찰하기를 권장한다. 시나리오 검토에 충분한 시간을 갖는 것은 여러분의 윤리적 민감성 증진을 위한 최고의 방법이 될 것이다. 이때, 5장 초반의 시나리오 성찰 질문을 사용하거나 <표 5.2>의 윤리적 의사결정모델을 따르는 것이 좋은 출발점이 될 것이다.

문제 규명과 관련 윤리 이슈 파악. 이 시나리오에서 우려되는 윤리적 이슈는 고객과의 전문적 관계에서 의도치 않게 개인적 상호작용 공간으로의 경계침범에 관한 것이다. 일반적으로 진로전문가는 조력관계를 복잡하게 만들고 혼란스럽게 만드는 다중관계를 피해야 한다. 고객과의 관계에서 최우선시 해야 할 것은 고객의 상황 개선을 돕는 진로서비스를 제공하는 것이다(복지제공 원칙). 소셜미디어에서 마커스와 연결됨으로써 에바는 마커스와 그동안 쌓아왔던 신뢰, 라포와 작업관계가 훼손될 위기에 놓였다(비유해성의 원칙). 우선 마커스가 에바의 댓글을 통해 어떤 정보를 얻었는지 불분명하다. 그는 그녀의 댓글을 보고 일시적인 친구와 에바의 관계를 알게 되었을까? 실제 그렇다면 마커스는 어떻게 반응할 것인가? 마커스는 공유를 원치 않는 어떤 장소나 미디어상에서 진로상담사와 연결되는 것을 불편하게 생각할까? 아니면 에바의

파티 참여를 원한다는 언급을 보고 그녀와의 또 다른 관계를 맺는 것에
흥미를 느낄까? 에바가 그의 제안을 거절한다면 마커스는 어떻게 반응
할 것인가? 거절의 충격이 마커스의 조력 요청 행동과 진로발달 과정에
어떤 영향을 미칠 것인가? 에바는 이 우연한 조우와 관련하여 가능한
최상의 결과를 도출하기 위해 마커스와 어떻게 의사소통할 것인가?(충
실성과 진정성 원칙).

감정 인식. 감정은 윤리적 딜레마가 존재한다는 신호를 주는 정서
적 나침반의 역할을 한다. 이 경우 에바는 사진 안의 모든 사람들을 미
처 다 모른 채로 답글을 단 것을 알았을 때 첫 번째 감정의 파도인 놀람
과 당황함을 경험했을 것이다. 처음 놀람의 감정은 이 상황에 대한 에바
의 불편감이 높아짐에 따라 분노와 불안으로 빠르게 진행됐을 것이다.
에바는 초기 고양된 불편감 때문에 그녀의 댓글을 제거하거나 '좋아요'
표시를 지우는 등의 빠른 조치를 취하고 싶은 감정에 사로잡히는 한편,
디지털 정보가 이미 생성되었고 완전히 제거하기 어렵다는 걸 인지하였
을 것이다. 이것이 마커스가 에바의 행동을 어떻게 해석하고 받아들일
지 그녀를 걱정하게 만든 원인이었을 것이다. 그녀는 향후 소셜미디어
사용 여부와 다른 고객과 동일한 상황에 처할 가능성에 대해 오랫동안
염려할 가능성이 높다.

〈표 5.6〉 사례 4 관련 2015 NCDA 윤리강령

강령	하위강령	
F	F.4.b. 온라인 진로서비스 제공시 전문적 경계	F.7.f 고지된 동의의 일부인 소셜미디어
	F.7.b. 전문가 존재와 사적 존재의 분리	F.7.h. 정보의 지속성, 정확성, 대상
	F.7.d. 가상 공간에서 신뢰 유지	F.7.j. 진로발달과정에서 소셜미디어의 역할에 대한 고객 교육
	F.7.e. 가상 고객 존재의 사생활 존중	

NCDA 윤리강령과 다른 자문자원 활용. 이 사례와 직접 연관된 2015 NCDA 윤리강령은 F. 진로서비스의 온라인, 기술 및 소셜미디어 제공이다. 이 사례에 해당하는 하위 윤리강령은 <표 5.6>에 제시하였고, 전문은 부록에서 확인할 수 있다.

2015 NCDA 윤리강령 F.7은 진로서비스 관련 소셜미디어의 사용에 대한 내용을 다루며, 이 사례에 도움이 될 통찰을 제공한다. 이 사례의 핵심은 온라인 매체를 사용할 때 다중관계 회피를 위한 전문적 경계 구축이다(F.4.b). 소셜미디어 사용 시 경계 설정의 방식 중 하나는 개인이 사적인 소셜미디어 존재/페르소나와 전문가 소셜미디어 존재/페르소나를 명확하게 분리하는 것이다(F.7.b). 토요일 오전에 에바가 한 실수는 고의적이지는 않았지만 전문적 영역에서 사적 영역으로 경계를 침범하였고 이어서 많은 문제들을 야기하였다.

소셜미디어와 관련하여 고객의 개인정보에 대한 윤리적 문제도 발생한다. 전문가로서 우리는 고객의 직업적 삶과 개인적 삶의 개인정보를 존중해주어야 하고, 고객이 요청할 때 작업 관계에 이익이 있을 때만 정보를 제공하여야 한다(B.1.b). 동일하게, 우리는 고객 소셜미디어 존재의 개인정보를 존중하여야 하며 고객의 요청이 있을 때만 검색하여야 한다(F.7.e). 에바는 고객의 마음에 진로전문가가 고객 관련하여 어떤 정보들을 수집해왔는지 그 과정에서 개인정보 보호가 존중되었는지 의문을 불러일으킬 수 있는 정보와 행동 관련한 문제에 발이 걸렸다.

또 다른 윤리적 문제는 신뢰성 관련 내용이다(F.7.d). 예를 들어, 에바가 답글과 '좋아요'를 지워서 그녀의 검색 기록을 삭제한다면, 친구는 그녀가 왜 그런 행동을 했는지 궁금해 할 것이다. 그녀가 사진 속 마커스를 고객이라 지칭하는 것은 신뢰를 깨는 것이기 때문에 에바는 자기 행동의 진짜 이유를 말할 수 없을 것이다.

에바가 자기 정보를 지우더라도 친구와 마커스를 포함한 사진 속 사람들은 이미 에바의 반응을 알아챘을 것이다. 이것은 에바에게 소셜

미디어에서 발생하는 즉각적인 정보 전파에 대한 경종을 울리는 계기가
될 것이며(F.7.h), 디지털 흔적은 영구적일 수도 있기 때문에 온라인 상
에 정보를 올릴 때 각별한 주의가 필요하다.

마지막으로, 에바는 페이스북 상의 사적 친구 관계망에 고객인 마
커스가 연결되었을 때 어떤 조치를 취해야 할지 주의 깊게 생각할 필요
가 있다. 이러한 연결은 부적절하고 경계를 침범하는 관계를 공식화할
수 있다. 에바는 조력관계와 진로발달 과정에 소셜미디어가 어떻게 활
용될 수 있는지 마커스를 이해시키기 위한 교육을 실시할 필요가 있으
며(F.7.J), 보다 바람직하게는 소셜미디어 관련 사항을 고지된 동의 문서
에 포함시킬 수 있다(F.7.J).

원하는 결과 확인. 에바가 가장 원하는 결과는 의도하지 않은 '좋
아요'와 댓글의 흔적을 없애는 일일 것이지만, 이것은 불가능하다. 다음
단계로 이동하여, 이러한 우연한 조우가 마커스와 그의 진로 발달 과정
에 어떠한 해도 미치면 안 된다는 것이다. 이를 위해서 마커스가 진로
서비스 고객임은 다른 사람들에게 알려져서는 안 되며, 다른 전문가에
게 리퍼하더라도 그의 목적이 알려지지 않고 진로서비스를 계속 받을
수 있어야 한다. 고객과 진로전문가는 명확한 경계를 설정하고 유지해
야 한다. 아울러 에바는 이 경험을 자신의 수퍼바이져와 함께 검토할
수 있다. 또한 이 논의의 목적은 향후 동일한 상황의 재발 방지를 위해
서는 개인 훈련과 사무실 동료와의 연습을 통해 주의력과 민감성 훈련
전략을 찾을 필요가 있음을 알리기 위함이다.

가능한 조치의 고려와 선택. 우선 첫 단계로 에바가 사진에 남긴
'좋아요'를 취소하고 작성한 댓글을 삭제할 수 있다. 이것이 당장은 주
목을 받을 수 있지만 장기적으로는 소셜미디어상에서 고객과의 사적 관
계 분리를 가능하게 하며, 이것은 에바가 원하는 전문적 조치 방향으로
한걸음 나아가는 단계이다. 에바가 삭제 이유에 대해 질문을 받으면 친
구들에게 "내 계정 콘텐츠를 업데이트하고 있다. 내 직업 분야에서는

공개된 소셜미디어 프로필의 전문적 유지 관리가 중요하기 때문에 내 계정으로 개인정보 관련 댓글을 다는 것을 최소화하려고 한다."고 답할 수 있다. 그러나, 에바가 게시물에 올라간 개인정보를 삭제하더라도 모든 흔적을 완벽히 지우지 못한다는 점을 이후의 마커스와의 교류 및 약속 과정에서 주의해야 한다. 마커스도 계속 그 상호작용을 기억할 것이다. 이 때문에 에바는 당면 상황을 마커스와 논의할 준비를 하고, 그 댓글이 우발적이었음을 설명하고, 야기되었을 수 있는 불편이나 혼란에 대해 사과하며, 에바가 동의 없이 마커스의 소셜미디어 존재를 검색하거나 탐색하지 않았다는 것을 믿을 수 있도록 돕는 것이 유익하다. 이 시점에서는 고지된 동의 및 개인정보보호 정책 관련 지역 센터 교육도 고려 가능하다.

마커스가 에바의 댓글에 '친구' 초청으로 반응하는 경우에는 초대 수락이 중요하다. 초대를 무시하거나 피하는 것은 삶의 다른 영역에서 대인관계 어려움을 겪고 있는 일부 고객들에게 거부감, 상실감, 고립감 등의 해로운 감정을 초래할 수 있다. 진로전문가가 이런 부정적 경험을 제공하는 것은 고객에게 해롭다. 진로전문가가 소셜미디어 활용 시 사적 영역과 전문적 영역 분리 필요성에 대해 설명하면서 친구요청을 친절하고 부드럽게 거절하는 것은 더욱 유익할 수 있다. 다른 대안으로는 사적 페이스북 계정상에서 고객을 만나기 전에, 고객이 다른 전문가 계정이나 지역센터 내 전문가집단 사이트를 방문하도록 할 수 있다.

한편, 에바가 앞서 언급한 조치들과 발생 가능한 문제를 인식하고 수퍼바이져와 해결을 도울 조치에 관해 상의하는 것도 도움이 될 것이다. 이것은 에바의 윤리적 감수성을 높이고, 사규와 고지된 동의 정책에 대해 재검토 할 수 있는 기회가 될 것이다. 아울러, 에바와 수퍼바이져는 이 경험을 통해 사무실 전체가 진로서비스 분야 소셜미디어 사용 정책과 훈련 수준을 높일 수 있으며, 고객을 보다 효과적으로 설득할 수 있는 방법을 찾을 수 있을 것이다.

마지막으로, 에바 자신이 마커스가 에바의 개인계정에서 개인정보를 찾는 것이 어려운지 쉬운지를 점검해봄으로써, 소셜미디어 개인계정에서 개인정보보호 설정을 검토하는 것 또한 매우 유익할 것이다. 에바는 개인정보 제한 수준을 높게 설정하는 것이 향후 야기될 수 있는 전문가 영역 침범 최소화에 도움이 된다는 것을 깨달을 수도 있을 것이다.

추가 고려 사항. 소셜미디어 기술은 점점 더 진로전문가가 함께 일하는 고객, 고용주, 다른 참여자들의 일상생활을 통합시키고 있다. 이에 진로전문가들은 기술 사용 여부, 적절한 사용법, 그리고 해당 매체를 사용하는 고객의 지원과 교육이 준비되어 있는지를 신중하게 고려할 필요가 있다. 에바의 사례는 소셜미디어에서 일어날 수 있는 윤리적 도전의 한 예에 불과하다. 이 주제에 대해 추가 탐구를 원하는 독자는 NCDA 기술보고서: "진로서비스 분야에서 소셜네트워킹 기술의 윤리적 이용"(Makela, 2015)을 살펴보길 추천한다. 이 보고서는 종합적인 문헌 검토, 소셜미디어의 이점과 과제, 우수한 상담을 추구하는 과정에서 발생하는 윤리적 이슈를 다루기 위해, 일반적으로 활용가능한 전략을 제시하고 있다.

> 에바가 소셜미디어 사이트가 아니라 전문가 네트워크 사이트에서 마커스를 우연히 마주쳤다면 이 토론은 어떤 점에서 다르거나 유사하였을까? 마커스가 먼저 연락을 했다면 어떤 차이점이 있었을까?

사례 5. 의도는 좋았지만
핵심 주제: 편견 인식, 자율성 존중, 수퍼비전 요청

시나리오. 데미는 지역 원스톱 센터 첫 회기 예약을 위해 방문하였고 시내 건너편 대학 상담 프로그램 담당 진로상담 인턴 라야를 만났다. 데미는 지역 칼리지 경영학 학사 과정을 천천히 이수해왔지만, 해당 과정을 계속 이수하기 어려울 것 같다고 말했다. 그녀는 학비 마련을 위해 몇 학기씩 휴학을 해야 했고, 종종 수업 시간이 가족 일정과 잘 맞지 않았다. 데미는 어린 아들을 둔 싱글맘이고 남편은 "더 이상 사진에 없다."라고 말했다. 아울러, 육아지원이 매우 만족스러워서 아이 아빠의 부재는 크게 신경 쓰지 않는다고 말했다. 그녀는 이 내용에 연연하지 않고 빠르게 그녀가 아르바이트를 찾길 원한다는 설명을 하기 시작했다. 그녀는 자신의 경영학 학위 과정과 관련이 있고, 일과 학위 취득을 병행할 수 있도록 일정 변동이 가능한 아르바이트를 희망하였다.

데미가 자신의 처지를 설명하는 동안에 라야는 감정이 이입된 강한 고통을 느꼈다. 라야의 가장 친한 친구 중 한 명인 욜란다는 한 부모 가정에서 자랐는데, 라야는 욜란다의 아빠가 집을 나가서 다시는 돌아오지 않던 날을 기억하고 있다. 데미는 욜란다의 엄마가 생계를 꾸려나가기 위해 그리고 욜란다에게 필요한 지원을 하기 위해 얼마나 열심히 일했는지 잘 알고 있다. 욜란다의 엄마는 지역 전문대학 과정을 몇 번 시작했음에도 대학 졸업의 꿈을 이루지 못했고 그것은 너무 가슴 일이었다.

첫 번째 회기에서 어디서 아르바이트를 찾아야 하는지 이야기를 나누는 동안 라야는 대화 주제를 계속 가족 지원으로 돌리고 여러 번 이슈화하였다. 라야는 데미가 가족의 요구를 살피지 않으면 앞으로 나아가기 힘들다는 전제 하에 데미가 원하는 것을 가졌는지 확신하길 원했다.

라야는 회기 마지막에 다음 회기 일정을 정해 대화를 계속하여 함께 작업을 계속하자는 제안을 하였다. 데미는 망설였고 흔쾌히 내키지 않는 듯했다. 결국 데미는 다음 예약에 동의하였지만 라야는 데미가 방문할지 여부는 확신하지 못했다. 라야는 무슨 일이 일어날지, 다음에 어떤 작업을 해야 할지 염려가 되었다.

안내된 성찰. 우리는 안내된 성찰을 진행하기에 앞서 여러분들이 개인적으로나 동료들과 함께 이 시나리오를 깊게 성찰하기를 권장한다. 시나리오 검토에 충분한 시간을 갖는 것은 여러분의 윤리적 민감성 증진을 위한 최고의 방법이 될 것이다. 이때, 5장 초반의 시나리오 성찰 질문을 사용하거나 <표 5.2>의 윤리적 의사결정모델을 따르는 것이 좋은 출발점이 될 것이다.

문제 규명과 관련 윤리 이슈 파악. 이 시나리오에는 몇 가지 윤리적 우려가 확인되는데, 복지 제공(적극적 선행 실천 및 성장 촉진)과 자율성 존중이 핵심 이슈이다. 데미의 초반부 이야기를 살펴볼 때 개인적, 학문적, 사회적으로 많은 도전들이 예상되지만, 그녀는 학업과 가족 일정을 병행할 수 있는 유연한 근무가 가능하며 학문적 목표 달성에 도움이 될 아르바이트를 찾는 것, 이 한 가지 특정 문제해결을 위해 지역사회 원스톱 센터 방문을 한 것으로 파악된다. 라야는 진로 관련 의문과 어려움이 다른 삶의 문제들과 분리되어 발생하지 않는다는 것을 인식했을 수 있다. 때로 한 영역의 어려움이 다른 영역에서의 의사결정과 행동 실천을 어렵게 만들 수 있다(예: 가족 압박으로 인한 진로선택 어려움 유발 경우). 또한 라야는 한 아르바이트에 대해 너무 원하는 게 많은 상황에서 데미가 묻고 있는 진로탐색 질문의 복잡성을 인식했을 것이다. 라야는 잡서치 관련하여 가장 중요한 요인을 판별하고 싶기 때문에 계속 외부요인을 검토하려 할 수 있다. 그러나 라야가 대화의 주제를 보다 중요하다고 생각하는 요인으로 끌어오려고 노력할 때, 데미를 움직일 수 있는 요인이 스스로 무엇이라고 인식하는지 적극적으로 듣지 않고 있다. 라야는 고객의 관점에서 문제를 이해할 수 있는 기회를 놓친 것은 물론 효과적인 조력 관계에 필수적인 신뢰와 친밀감을 쌓을 수 있는 기회를 놓쳤다.

감정 인식. 처음에 라야는 데미의 이야기에 개인적 연관성을 느꼈을 수 있고, 이는 차이를 만들고 싶은 공감과 변화를 위한 동기 유발 감

정을 자극하였을 수 있다. 그래서 그녀는 다른 고객과의 첫 회기보다 특히 이 상황에 관여하고 싶고, 식견이 있으며, 충만한 추진력을 느꼈을 수 있는데 그 이유는 이 상황이 개인적으로 매우 친숙하기 때문이다. 그녀는 '오, 나도 그 상황이 어떤지 알고 있어'라고 느끼면서 그녀가 어떤 방향으로 가야할지 알고 있다는 연결감과 자신감을 갖게 된다.

회기가 끝나가면서 라야는 자신이 느끼는 연대감을 데미가 느끼지 않는 것 같다는 느낌을 받았다. 라야는 데미의 열정과 연대감 부족으로 인해 혼란스럽거나 당황스러울 수 있다. 라야는 무엇이 잘못됐는지 찾을 것이고, 이 시점이 수퍼비젼을 받을 최고의 시간이 될 것이다.

> 당신이 라야의 수퍼바이져였다면 이 사례를 어떻게 다루시겠습니까?
> 무엇이 라야가 진로전문가로 성장하는 데 도움이 될 것인가?

NCDA 윤리강령과 다른 자문자원 활용. 2015 NCDA 윤리강령 중 가장 직접적으로 이 사건에 대해 언급하고 있는 조항은 A.4.b. 개인적 가치, G. 수퍼비젼 및 훈련 시 다문화와 다양성 문제가 있으며, 2015 NCDA 윤리강령 전반에 걸쳐 문화적 역량을 다루는 여러 섹션(B, C, E)도 포함된다. 이번 논의에서 중요하게 다뤄질 하위강령은 <표 5.7>에 표시되었으며, 전체 내용은 부록에 수록되어 있다.

이 사례는 상담 회기 중 개인적 "후크"를 경험하는 좋은 예인데, 고객의 이야기가 조력전문가가 삶속에서 경험한 개인적이고 감정적인 이야기를 건드릴 때 나타난다. 후크는 자주 우리를 놀라게 하는데 대부분 탐색되지 않았거나 예상하지 못했기 때문이다. 라야의 경우와 마찬가지로 후크는 종종 고객의 이야기로 조력전문가들을 이끌고 동기를 부여하며 옹호하고 도우려는 욕구를 만든다. 또한, 후크는 전문가가 돕는 것을 막고 경청이나 이야기를 따라가는 것을 어렵게 만드는 반대 효과도 가진다.

〈표 5.7〉 사례 5 관련 2015 NCDA 윤리강령 조항

조항	하위조항	
A	A.4.b 개인적 가치	A.10.d 적절한 서비스 이관
	A.10.a 포기의 금지	
B	B.1.a. 다문화/다양성 고려사항	
C	C.2.a 역량의 범위	
E	E.8 사정관련 다문화/다양성 이슈	
G	G.2.b 수퍼비젼 관련 다문화/ 다양성 이슈	G.8.c 교육과 훈련 프로그램의 다 문화/다양성 역량

　　사례 5는 한부모 가정이 어떻게 여러 요구사항을 균형 있게 조정 하는지에 대한 노력과 개인적 경험 후크가 어떻게 라야에게 데미를 돕 기 위한 동기를 부여하는지, 동시에 데미의 말을 경청하기 위한 주의를 유도했는지 주목해야 한다. 라야의 마음은 어린 시절 친구 욜란다와의 경험, 그리고 욜란다 가족이 필요했던 것에 머물러 있다. 라야는 이것이 상담 방향에 영향을 줄 수 있음을 인정한다.

　　조력전문가로서 우리의 과거 경험은 우리가 누구인지와 분리할 수 없으며 공감과 이해의 원천으로 큰 가치를 지닌다. 그러나 이런 경험은 전문가 개인의 가치관, 신념, 태도 또는 의미 해석이 고객의 가치관 (A.4.b)을 대체할 때 조력 관계에 장애가 되기도 한다. 후크를 경험하고 현재 고객의 이야기와 과거의 경험 사이에 연관성을 만드는 것은 자연 스러운 일이다. 그러나 조력전문가는 그러한 후크에 끌려가거나 후크에 기반하여 현재 고객에 대한 가정을 만들어가는 것은 피해야 한다.

　　따라서 효과적인 상담을 위해서는 자신의 개인적 가치관을 탐구하 고(A.4.b) 이해하려는 의지 뿐 아니라, 진로발달 서비스의 다양한 영역 (B.1.a, C.2.a, E.8)과 관련된 다양한 관점을 이해하려는 의지가 필요하 다. 교육 프로그램(G.8.c)과 수퍼비젼(G.2.b)은 모두 자기탐색과 전문성

발달을 도와줄 좋은 자원이다.

원하는 결과 확인. 가장 이상적인 결과는 데미가 직장, 학교, 가족의 요구에 모두 부응할 수 있는 현재 그녀의 진로목표를 성공적으로 해결하는 것이다. 이런 목표 달성은 지역사회 원스톱센터 진로전문가의 도움으로 촉진될 수 있는데, 이를 위해서는 신뢰와 라포 형성이 선행되어야 한다. 따라서 단기적 성과는 데미가 전문적 관계에서 편안하고 경청되며 지지받는다는 느낌을 받을 수 있도록 돕는 것일 수 있다. 두 번째 단기적 결과는 데미가 언급한 목표로 나아가기 위해 명확하고 구체적인 행동계획을 세우는 것이다.

라야에게 가장 바람직한 것은 수퍼바이져에게 회기 내용을 간단히 설명하고 데미와의 상호작용 중 일어날 수 있는 일에 대한 통찰을 얻는 것이다. 라야는 회기 중 생긴 후크를 탐색하고 그것이 데미와의 상호작용에 어떤 영향을 미쳤는지 생각해보고 싶을지도 모른다. 또한 라야의 근본적인 편견과 가정을 이해하고 개인적 가치와 신념이 이런 상황에 어떻게 연결되는지 물어볼 수도 있다. 이러한 탐구는 상담 시 라야가 자신의 개인적 경험과 고객의 경험을 분리하여 상호작용을 할 때 고객에 더 집중하는 능력 개선을 목표로 해야 할 것이다. 분리를 위한 의식적 노력은 라야의 적극적 경청에 도움이 될 것이다. 라야는 고객과 함께 머무를 수 있으며 고객의 개인적인 이야기와 해석에 집중함으로써 친밀감을 쌓을 수 있는 능력을 향상시킬 수 있을 것이다.

가능한 조치의 고려와 선택. 이 사건에서 라야가 취할 수 있는 첫 번째 조치는 수퍼비젼을 받는 것이다. 데미와의 첫 번째 회기 막바지에 느꼈던 혼란과 좌절감이 신호가 될 수 있다. 일반적으로 조력 전문가인 우리를 지치게 하는 어렵고 당황스러운 고객 사례를 마음속에서 계속 생각하기보다는 동료나 상사에게 적절한 자문을 요청하는 것이 훨씬 낫다. 사례 이해를 위해 도움을 받는 것은 자기관리의 좋은 예다.

일단 라야가 이 상담 내용이 개인적 후크를 건드렸다는 것을 알게 된다면 바람직한 다음 조치는 이 문제 관련한 스스로의 민감성을 탐구하고 이해하는 것일 것이다. 이러한 자기탐색을 기꺼이 하는 것은 라야가 진로전문가로서의 능력 향상에 도움이 될 것이다. 그녀는 수퍼바이저나 교육 프로그램 교수진을 만나 유용한 자원을 추천받거나 지원 요청을 할 수 있다. 읽기, 쓰기, 명상 관련 전문성 발달 프로그램 탐색도 큰 도움이 될 것이다. 또한 진로전문가들은 자신을 탐구하고 이해하기 위해 스스로 상담을 받는 것을 고려할 수 있다. 여기서 가장 중요한 것은 라야가 향후 이 문제를 능숙하게 다루는 데 필요한 지식과 이해 역량을 스스로 갖추는 것이다.

마지막으로, 라야와 지역 원스톱센터 내 다른 상담자들은 데미와 연락하길 원할 수 있다. 데미가 후속 회기에 참여한다면 라야는 라포 형성, 데미의 요구와 경험의 적극적 경청에 집중할 수 있는 기회를 얻을 수 있다. 데미가 다른 서비스 전문가에게 상담을 요청할 수도 있지만, 일반적으로 진로전문가는 가치관과 관점 불일치, 인생스토리가 개인사를 건드린다는 이유로 고객을 리퍼하지 않는다. 이 문제는 고객에게 훌륭한 서비스를 안정적으로 제공할 수 있도록 숙련된 진로전문가에게는 능히 헤쳐나갈 수 있는 이슈이다. 그러나 데미가 다른 서비스전문가를 요청할 경우 적절한 서비스를 받을 수 있도록 세심한 조치를 취할 필요가 있다(A.10.a, A.10.d). 마지막으로 데미가 다음 회기에 참여하지 않는다면 라야와 상사는 데미에게 추가 서비스 제공을 제안하기 위해 연락하는 것이 조직 가치, 사무실 방침, 철학에 근거하는지 논의할 수 있다.

사례 6. 적색 경계경보
핵심 주제: 비유해성, 비밀보장 한계, 경고 의무

시나리오. 새로운 고객이 면접 연습을 위해 당신의 사무실을 방문했다. 그 고객은 일주일 내내 믿을 수 없는 정도로 날카로웠다. 뭐가 잘못되었는지 모르겠다. 하지만 총을 꺼내서 누군가의 뇌를 날려버리고 싶은 것처럼 누군가의 입을 박살내고 싶은 심정이다. 누가 대상인지 모르겠는데 무언가가 계속 쌓여가는 것 같고 멈추지 않을 것 같다는 말을 했다(Pope & Vasquez, 2007, p.171).

이 말을 들으면서 당신은 어떤 느낌이 드는가? 이 고객과의 협업으로 발생 가능한 윤리적 문제는 무엇이며 그것이 당신의 대응에 어떤 영향을 미칠 수 있는가?

안내된 성찰. 우리는 안내된 성찰을 진행하기에 앞서 여러분들이 개인적으로나 동료들과 함께 이 시나리오를 깊게 성찰하기를 권장한다. 시나리오 검토에 충분한 시간을 갖는 것은 여러분의 윤리적 민감성 증진을 위한 최고의 방법이 될 것이다. 이때, 5장 초반의 시나리오 성찰 질문을 사용하거나 <표 5.2>의 윤리적 의사결정모델을 따르는 것이 좋은 출발점이 될 것이다.

문제 규명과 관련 윤리 이슈 파악. 우리는 전문 조력영역에서 일하기 때문에 신규 고객이 각기 다른 염려와 관점을 가지고 사무실에 올 것임을 알고 있다. 우리는 다음 고객이 무엇을 가져올지 예측할 수 없으며 때때로 큰 놀라움이 앞에 놓여 있는 경우도 있다. 진로서비스는 종종 다른 분야 서비스 시작이 불편하거나 두려운 사람들이 도움을 요청할 수 있는 "사회적으로 용인되는" 분야로 인식된다. 그런 만큼 모든 방문객이 전적으로 진로문제 때문에 진로서비스 센터를 방문하는 것은 아니다. 많은 진로발달 이슈는 정신건강, 사회적 발달, 가족상담 외 다양

한 과제들과 복잡하게 연관되어 있다. 본 시나리오의 고객은 고려할만한 수준의 스트레스 상태에 있으며 복잡한 문제를 안고 있는 것으로 보인다. 이것은 진로전문가에게 흥미로운 윤리적 도전 과제가 될 것이다.

이 사례가 제시하는 아주 분명한 한 가지 근본적 윤리 원칙은 무해성의 원칙이다. 해당 고객의 말을 들은 진로전문가는 고객을 자극하지 않으면서도(폭력적인 반응을 두려워하지 않는) 높은 수준의 주의를 기울여야 하고, 위협 대상이 모호한 상태에서 고객에게 위해를 가하지 않으며, 전문가 자신의 신변 안전도 염려해야 하는 급박함을 강하게 느낄 것이다. 반대로, 진로전문가는 이 고객에게 적극적으로 선행을 베풀고 싶고 현재 흥분 상태를 야기한 스트레스와 고통의 경감을 위한 복지제공 의무도 강하게 느낄 것이다. 추가로 어떤 이들은 전문적 역량과 교육과 훈련의 경계에 의문을 제기할 수 있으며 이 고객을 도울 전문지식 보유 여부를 궁금해 할 수 있다. 이는 상담경력이 없는 진로전문가는 물론 위기상황이 거의 없는 상담분야 종사자들에게 사실일 수 있으며, 긴박한 상황에서 신뢰감이나 연습부족을 금방 느끼고 집중력을 쉽게 잃을 수 있다. 게다가, 고객이 동의 내용을 잘 알고 있는지 작업 과정 중 비밀유지의 한계와 경고 의무를 이해하고 있는지 관련한 많은 질문들이 제기될 수 있다.

감정 인식. 앞서 언급한 많은 사례에서 우리는 정서가 윤리적 딜레마의 존재를 알려주며 효과적으로 해결되고 있는지 깨닫게 하는 감정적 나침반의 역할을 함을 파악하였다. 그러나 이 사례에는 흥미로운 차이점이 있는데 감정적으로 매우 격한 상황이라는 것이다. 감정 파악은 해결책을 찾는 데 중요하지만 우리는 생각이 뚜렷하지 않거나 계획적으로 행동할 수 없는 상황에서 감정(특히 두려움, 격정 등)이 우리를 압도하지 않도록 조심할 필요가 있다.

우리는 이 시나리오에서 감정의 파동을 상상할 수 있다. 초기 반응은 고객의 대담하고 거친 진술의 강도에 대한 충격이나 놀라움일 수 있는데 이것은 무시할 수 없는 것이다. 지속되는 위협적 느낌도 존재한다. 이 진로전문가는 방안에서 조용히 "내가 지금 안전한가? 고객이 무기를 소지하고 있을까?, '그냥 멈출 수 없다'는 고객의 격한 반응은 일어날 가능성이 어느 정도일까? 이때 어떤 종류의 완화 전략이 필요하고 어떻게 동기부여 할 수 있을까?"라는 질문들을 수없이 던지면서 현재의 위험 수준을 감지하고 있을 수 있다.

진로전문가는 또한 고객의 안전, 같은 환경에 있는 다른 사람들의 안전 뿐 아니라 개인적이고 전문적인 의무감에서 생긴 걱정의 감정을 경험할 수 있다. 이 회기에서 분명히 "무대 위에 있어야 한다."는 압박감도 있을 수 있다. 이때 실수 확률이 낮은 중요한 조치들을 적용할 수 있다. 진로전문가는 "어떻게 하면 좋은 결정에 필요한 마음의 여유를 찾을 수 있을까? 어떻게 하면 실수 없이 신중한 조치를 가능케 하는 마음의 평정을 찾을까?"에 대해 궁금할 수 있다.

NCDA 윤리강령과 다른 자문자원 활용. 2015 NCDA 윤리강령 중 이 사례와 직접적으로 관련되는 조항에는 A(전문적 관계), B(비밀유지와 이의 제한), C(역량 한계의 언급과 자문 활용)가 있다. 이번 논의에서 중요하게 다뤄질 하위강령은 <표 5.8>에 표시되었으며, 전체 내용은 부록에 수록되어 있다.

이 시나리오는 의도적으로 강렬하고 감정적인 상황을 제시한다. 현재 전국적으로 폭력 행위가 매우 빈번히 발생하고 있으며, 뉴스와 문화콘텐츠에서는 폭력이 지속적으로 묘사되고 있다. 우리는 이 고객이 뱉은 언어의 유형 때문에 먼저 공포를 느낄 것이다. 이것이 이 시나리오가 본 사례에 선택된 이유이다. 이런 공포감 하에서는 스트레스를 받은 고객을 처음 만난 시점보다 이후 안전한 공간에서 취할 조치와 행동들에 대해 성찰하는 것이 가치가 있을 것이다.

고려해야 할 첫 번째 윤리적 이슈는 역량 범위 내 업무 수행이다 (2015 NCDA 윤리강령, C.2.a). 진로전문가는 먼저 고통과 정신건강 관련 우려를 보이는 고객을 효과적으로 조력할 수 있는 교육, 훈련, 경험 여부를 고려해야 한다. 만약 그렇지 않다면 적절한 리퍼를 하고(A.10), 고객이 리퍼의 목적을 이해할 수 있도록 일반적인 진로상담 분야 서비스 유형(진로계획 및 진로상담 등, A.1.b)을 설명하는 것이 좋다.

이 사례에서 다뤄야 할 다른 윤리적 이슈는 이 고객이 자기와 타인을 위협하는 정도이다. 고객의 진술은 매우 강하고 걱정스러우며 쉽게 간과하기 어려운 것이었다. 이것은 고객과의 라포 형성을 위해 노력하는 진로전문가에게는 큰 어려움이 될 수 있다. 진로전문가는 이 시점에서 관련 사항을 명확히 언급할 필요가 있으며, 이를 위해 고지된 동의(A.2.a, B.1.c) 이전에 비밀보장의 한계(B.1.d)와 경고 의무(B.2.a) 윤리조항을 재검토할 필요가 있다. 이러한 논의에 고객을 참여시키기 위한 다양한 상담 이론과 기법 관련 내용은 윤리적 요소를 다루고 있는 본 교재의 범위를 벗어난다. 그럼에도 가능한 대안에 대한 동료와의 브레인스토밍과 역할극 시나리오 구상이 적극 권장되는 방법 중 하나이다. 이 시나리오와 유사한 사례를 접했을 경우에는 적극적인 동료와의 상담, 보고 및 문서 기록이 권장된다(C.2.e).

원하는 결과 확인. 이 시나리오의 성찰을 통해 기대된 바람직한 결과는 진로전문가도 넓은 범위의 조력 분야 종사자임을 다시 한 번 깨닫는 것이다. 조력전문가의 핵심 소명과 초점은 고객과 함께 하는 순간에 있다. 이 시나리오에서 진로 관련 초점은 배경으로 이동한 반면, 전경은 라포 형성, 안전, 보살핌에 초점이 맞춰져 있다. 진로전문가로서 우리가 이 사례에서 원하는 결과의 예시는 다음과 같다.

- 회기 강도의 완화
- 고객과의 라포 및 신뢰 형성
- 즉각적인 위협 수준의 평가 및 대응
- 고객 고통의 원인인 심층적 문제를 다룰 수 있는 서비스와 고객

을 연결
- 고객, 타인, 우리 자신의 안전 장려
- 진로전문가로서 높은 수준의 자기 돌봄을 실천하여 지속적으로 고객의 삶에 긍정적 변화를 만들 수 있는 동기로 충만하도록 함

〈표 5.8〉 사례 6 관련 2015 NCDA 윤리강령 조항

조항	하위조항	
A	A.1.b 제공하는 서비스 유형 간 차이점	A.10 종결 및 리퍼
	A.2.a 고지된 동의	
B	B.1.c. 비밀보장 존중	B.2.a 위험 및 법적 요구사항
	B.1.d 제한의 설명	
C	C.2.a 역량의 범위	C.2.e 윤리적 의무 관련 자문

가능한 조치의 고려와 선택. 교육, 훈련, 경험은 진로전문가에게 이 시나리오에서 취할 수 있는 많은 조치와 전략들을 알려준다. 모든 진로전문가에게 일반적인 대표적 행동으로는 경청, 성찰, 격려, 자원 제공, 라포 형성 촉진을 위한 탐색 등의 강력한 기본 조력 기술이 있다. 상담 경력이 없는 사람은 라포 형성과 관계 기술을 통해 해당 고객 조력에 필요한 정신건강 상담 교육 및 훈련을 받은 다른 전문가에게 이 고객을 리퍼할 수 있다. 그 다음 단계에서 정신건강 상담 교육 및 훈련을 받은 사람은 자신과 타인에 대한 위협 수준을 평가하기 위해 고객이 무기에 접근할 수 있는지, 고객에게 무기가 있는지, 고객이 특별히 염두에 둔 대상이 있는지, 무엇이 "어지러움"의 감정을 유발하는지의 사항을 물어볼 수 있다. 앞서 논의된 윤리적 이슈와 이의 실천은 고객과의 대화를 이끌어내는 데 토대로 작용할 것이다.

또한 이런 상황에 처해있는 진로전문가는 누구든 수퍼비젼 및 대학의 적절한 지원을 요청하는 것이 권장된다. 우리는 혼자서 어려운 사

례에 직면할 필요가 없다. 리퍼를 통한 지원과 사례분석은 우리가 선택한 행동을 취할 수 있도록 도울 뿐 아니라 이후에도 변화와 발전을 위한 성찰을 이끌어내며 소진을 막고 다른 고객을 위한 에너지 확보에도 도움이 된다. NCDA 윤리위원회는 비밀이 보장된 상담을 제공하며, 누구든 ethics@ncda.org로 연락이 가능하다.

추가 고려 사항. 윤리적 함의 외에도 조직 정책이나 법적 문제가 이 경우 진로전문가의 행동에 영향을 크게 미칠 수 있다. 예를 들어, 미국 일리노이 주에서는 화약무기소지자 등록법(FOID ACT: Firearm Owners Identification ACT)을 준수해야 하며, 경우에 따라 주립 복지서비스 FOID 정신건강 시스템에 보고해야 할 경우도 있다. 이러한 법과 제도에 대한 상세한 논의가 이 단원의 논점에는 벗어나지만, 진로전문자들이 자신의 업무수행에 관련된 정책과 법률에 대해 인지할 책임이 있다는 점만은 명심해야 한다. 이때 수퍼비젼과 자문을 잘 활용하는 것과 관련 자료를 잘 살펴보는 것이 바람직한 의사결정에 큰 도움이 될 수 있다.

> 여러분이 일하는 업무 환경에서는 어떤 도움을 받을 수 있습니까? 고객 리퍼와 함께 여러분 자신이 가지고 있는 수퍼비젼, 사례보고 등의 자원도 고려하길 바랍니다.

사례 7. 군중 속의 고독

핵심 주제: 옹호, 사회 정의, 집단 개입

시나리오. 프라딥은 직업탐색을 돕기 위해 STEM(과학, 기술, 공학, 수학) 전공자들로 구성된 집단을 월 1회 운영하고 있다. 이 집단은 남자 8명, 여자 1명으로 구성되어 있다. 프라딥은 회기 시작에 앞서 출석체크를 하면서 여성 집단원인 맥신이 지각했다는 것을 큰소리로 의아해했다. 이에 남성 참여자 한 명이 그녀에게 여성만의 이슈가 있을 거라는 농담을 던졌다. 누가 대답하기도 전에 맥신이 들어와 앉았고, 프라딥은 재빨리 집단원의 관점을 미리 계획했던 주제로 바꾸었다. 회기가 진행되면서 집단원들은 인턴 면접 시 겪는 사회적 측면의 어려움에 대해 토론하게 되었다. 이때 맥신은 곧 면접이 있다고 말하며 집단원들에게 조언을 구했다. 이에 한 집단 구성원은 모든 옷을 휴대 여행 가방에 넣는 것에만 집중하라고 다른 농담을 던졌다. 그리고 또 다른 구성원이 "그녀가 무엇을 입든 누가 신경 써? 여자니까 아마 취직할 거야!"라며 끼어들었다. 맥신은 조용해졌고 또 다른 구성원은 맥신에게 고개를 돌려 "맥신, 그냥 가만히 있을 거야?"라고 물었다. 맥신은 눈물이 글썽한 눈으로 진행자인 프라딥을 바라보았고, 프라딥은 크게 당황했다. 프라딥이 이 상황을 해결하기 위해서 다음 단계로 무엇을 할 수 있겠는가?

안내된 성찰. 우리는 안내된 성찰을 진행하기에 앞서 여러분들이 개인적으로나 동료들과 함께 이 시나리오를 깊게 성찰하기를 권장한다. 시나리오 검토에 충분한 시간을 갖는 것은 여러분의 윤리적 민감성 증진을 위한 최고의 방법이 될 것이다. 이때 5장 초반의 시나리오 성찰 질문을 사용하거나 <표 5.2>의 윤리적 의사결정모델에 따르는 것이 좋은 출발점이 될 것이다.

문제 규명과 관련 윤리 이슈 파악. 이 시나리오에는 몇 가지 윤리적 우려가 있는데, 이들 이슈의 중심에는 정의와 자율성 존중 원칙이 있다. 진로전문가는 종종 집단 세팅에서 서비스를 제공한다. 진로전문가는 집단 내 개인의 진로발달과 성장 촉진 외에도, 집단 내 역동을 관리해야 하는데 이는 때로 어려운 과제이다.

이 경우 프라딥은 처음에 상충되어 보이는 목표 사이에서 마음이 무너지는 기분을 느꼈겠지만 한편으로 갈등이나 어려움이 없이 응집력 있고, 긍정적이며, 잘 기능하는 집단 환경을 만들기를 원한다. 처음에 그가 다른 집단 구성원에게 해롭고 배려 없는 농담을 들었을 때, 이를 지적하여 소동을 일으키거나 구성원들과의 라포를 손상시키고 싶지 않았을 수 있다. 그러나 '여성만의 이슈' 관련 첫 언급에 대해 프라딥이 적절한 반응을 보이지 않자, 일부 집단원들은 이를 묵시적 수용으로 해석한 것으로 보인다. 성차별적 발언과 농담이 계속되면서 모든 집단원이 잘 기능하는 집단을 만들고자 한 첫 번째 목표는 점점 더 낮아졌다. 이제 상황은 추가적인 적개심 자극이나 집단 내 소통 중단 없이 맥신을 어떻게 옹호할 수 있을 지에 대한 우려 섞인 의문을 프라딥에게 던지고 있다.

프라딥은 맥신을 옹호하고 싶은 마음과 더불어 다음에 취할 행동에 대해 여전히 혼란스러움을 느낄 수 있다. 프라딥은 눈물이 그렁한 눈으로 도움을 요청하는 맥신의 비언어적인 메시지를 읽었고, 이로 인해 적극적으로 개입하여 그녀를 돌보고 싶은 강한 충동을 느낄 수 있다. 한편, 이 상황에서 프라딥은 자신의 성별을 고려할 필요가 있는데, 그녀에게 직접 발언 기회를 주지 않고, 남자인 자신이 맥신을 위해 얘기하는 것은 의도가 좋더라도 다른 구성원이 자신을 적대적으로 보게 하거나, 맥신에게 아첨하는 것으로 보이게 할 가능성도 있기 때문이다. 이미 한 구성원은 맥신에게 "그냥 받아들일 거야?"라고 말하며 목소리를 높이라는 초대를 했다(이 초대조차 대립적인 방법으로 제공되었다). 프라딥이 자신의 관점에서 이 상황을 다루기 전에 맥신이 대응하도록 어느 정도의 여유와 시간을 주어야 할까?(자율성 존중). 이 상황을 다룰 때 그는 무엇을 말하거나 행해야 하는가?

감정 인식. 진로전문가들이 경험하는 감정은 종종 윤리적 딜레마의 존재를 알리는 감정적 나침반 역할을 한다. 이 사건은 먼저 집단 내 대화가 순식간에 한 구성원에 대한 부적절한 유머로 바뀔 때 충격을 받은 프라딥을 묘사하고 있다. 그는 이 사건의 근본이 무엇인지 궁금할 것이다. 프라딥은 심지어 당황하거나, 아연실색하거나, 이 상황을 모두

예측하고 방지하지 못한 자신의 무능함에 압도당할 수도 있다. 어떻게 그는 이 일을 이 상태까지 방치할 수 있었을까? 이제 맥신이 자신을 방어하기 시작하면 이 방에 있는 유일한 여성으로서 자신의 성별을 대표하는 발언을 해 달라는 요청을 받을 것이다. 슬프게도 프라딥 자신은 남성 중심 산업에 여성의 진출이 특이한 것은 아니라고 인정할지 모르지만, 누군가가 반드시 그 일을 해야 하는 것은 아니다. 어떤 환경에서든 드러나지 않는 소수가 되는 것은 힘든 일이다.

맥신에 대한 프라딥의 걱정과 공감의 감정이 점점 커짐에 따라, 그녀를 보호하고 옹호하려는 그의 욕망도 커질 것이다. 하지만, 이것은 또한 집단 전체를 원래 궤도로 돌려놓으려는 열망으로 인해 누그러질 수도 있는데, 그는 집단구성원 9명 모두의 진로발달에 책임이 있기 때문이다. 프라딥은 집단의 작업 분위기가 회복될 수 있을지 걱정할 수도 있고, 자신이 취할 다음 단계가 중요하다고 인식할수록 감정의 강도도 커질 수 있다.

여러 집단원의 각기 다른 요구를 파악했을 때 어떤 방향으로 집단을 이끌지 몰라서 좌절감을 느낀 적이 있습니까? 다음에 어떤 조치를 취해야 할 지 어떻게 파악할 수 있었습니까?

NCDA 윤리강령과 다른 자문자원 활용. 2015 NCDA 윤리강령 중 이 사례와 가장 직접적으로 연관된 조항은 A(진로전문가와 고객 사이의 전문적 관계)와 B(개인정보 보호, 비밀유지, 정보공개와 이전)이다. 이번 논의에서 중요하게 다뤄질 하위강령은 <표 5.9>에 기재되었으며, 전체 내용은 부록에 수록되어 있다.

〈표 5.9〉 사례 7 관련 2015 NCDA 윤리강령 조항

조항	하위조항	
A	A.1.a 주요 책임	A.6.a 옹호
	A.2.a 고지된 동의	A.8.a 선별
	A.4.b 개인적 가치	A.8.b 고객 보호
B	B.4.a 집단 작업	
C	C.2.e 윤리적 의무 관련 자문	C.5 비차별

프라딥은 이 직업탐색 집단구성원 모두가 자신의 진로목표 성취에 도움이 될 긍정적인 경험을 하길 원하고 이를 위해 노력해왔다(A.1.a). 집단의 긍정적 환경 조성은 구성원들이 모이기 훨씬 이전에 시작되는데, 이를 위해 2015 NCDA 윤리강령은 집단서비스 시 구성원의 선별과 선택 관련한 시사점을 진로전문가에게 제시하고 있다(A.8.a). 구체적으로 "양립 가능한 목표를 가지며, 집단과정에 지장을 주지 않고, 집단경험에 의해 웰빙이 손상되지 않아야 한다."고 언급하고 있다. 다음으로 진로전문가는 작업관계(진로전문가와 집단구성원 간, 집단구성원 상호 간)에 대해 설명하여야 하는데, 이때 구성원을 위해로부터 보호하기 위해 필요한 합리적인 주의사항도 함께 설명한다(A.2.a, B.4.a). 이러한 기반 작업은 다양한 경험, 가치, 의견 존중을 적용할 수 있는 논의를 통해 진행될 수 있다(A.4.b).

이 사례에서 프라딥이 자신의 STEM 직업탐색 집단원들에게 규정한 기준들의 범위는 명확하지 않다. 그러나 현재의 상황에서 정서적 해악의 가능성이 매우 크다는 것은 명확하다(A.8.b). 따라서 프라딥의 일정 수준의 개입이 바로 필요하다(A.4.a, A.6.a). 프라딥은 아마 어떤 행동을 취해야 할지 고민 중일 것이다.

상황을 고려해 볼 때, 프라딥은 맥신이 그 방의 유일한 여성으로 분명히 수적 열세에 있음을 인식하고 있을 것이다. 역사적, 전통적으로

비전통적인 진로를 선택한 여성은 많은 괴롭힘 때문에 어려움을 경험했으며(Gutek, 1982; McDonald, 2012), 맥신이 지금 당면하고 있는 노골적인 발언도 동일 선상에 있다. 프라딥은 이런 괴롭힘과 억압적인 환경에 직면하는 것이 정신건강에 악영향을 줌을 알고 있을 것이다(Brown, 1994). 게다가, 또 한 남자 집단원은 맥신이 받은 공격에 스스로 정면 대응하라는 직접적인 요구를 했다. 만약 이것이 맥신에게 편안한 역할이 아니라면 추가적으로 그녀의 약점으로 해석되어 더욱 난감한 상황에 처하게 될까? Kitchener & Anderson(2011)은 여성이 전통적인 남성 접근법으로 평가될 때 겪는 유사한 어려움을 다음과 같이 언급했다.

> 초기 심리학은 자주 남성과 여성의 차이 및 남성의 입장에서 여성에 적용되어온 일반화된 이론 간 차이를 이를 자주 간과했다. 여성이 기대한 대로 행동하지 못했을 때, 여성 자신과 여성의 행동, 태도, 감정은 자주 열등하다고 특징지어진다(p.112).

이런 상황에서 진로전문가들은 바람직하게는 장벽을 낮추고 고객의 성장과 발달 조력을 위해 개인을 향한 어떤 차별을 옹호하거나 관여되거나 용납하는 것을 피할 의무가 있다(A.6.a). 프라딥의 과제는 다층적이고 이해가 상충되는 여러 요구들 사이에서 균형을 맞출 개입 방법을 결정하는 것이 될 것이다. 한편, 프라딥은 모든 참가자들에게 건강한 환경을 조성하기 위해 집단토론 과정에서 나온 성차별적인 발언을 중단시키고자 강한 목소리를 내고 싶어 할 수도 있다. 하지만, 그는 또한 남성 정체성의 자신이 목소리를 높이는 것에 의문을 가질 수 있다. 그가 맥신을 대신해서 목소리를 낸다면 그것이 그녀의 목소리를 들을 수 있는 여지를 주는 것인가? 또한, 프라딥은 남성 집단참가자의 소외나 전체 집단 라포 손상을 막기 위해 남성 집단참가자에 대한 민감성과 수용성을 증명하기를 원할 수 있다. 이 직업탐색 집단에서 긍정적인 경험을 이끌어낼 수 있는 해결책은 무엇인가? 프라딥은 신뢰할 수 있는 동료에게 수퍼비젼이나 자문을 구함으로써 이 특정 집단회기를 성찰하고 향후 집단 회기를 정상 궤도에 올려놓을 수 있다(C.2.e).

원하는 결과 확인. 이 STEM 직업탐색 집단에서 일어난 상호작용은 이제 집단원들에게 고통스러운 현실이다. 그들한테 이미 벌어진 경험을 지우는 것은 적절한 방법이 아니며 잊히지도 않을 것이다. 그러므로 가장 바람직한 핵심 결과는 이 상황을 모든 관련자들에게 성장과 학습경험으로 바꾸는 것이다.

아울러, 프라딥의 최종 희망은 이 집단이 다시 뭉쳐 모든 구성원들 간에 균형 잡힌 토론을 하여 강한 라포를 형성하며, 진로발달 면에서 모두가 성장할 수 있는 기회를 갖는 것일 것이다. 그렇게 된다면 이 집단은 그들의 경험과 취약성, 성장을 편안하게 공유할 수 있는 환영받는 느낌이 드는 장소가 될 것이다. 구성원 간 상호작용은 기본적으로 긍정적일 것이다. 구성원들에게 도전하거나 상호간 압력을 가하는 것도 타당한데, 언급한 도전은 상대를 깎아내리기 보단 서로의 성공을 돕는 의도에서 기인할 것이다.

두 번째로 기대하는 결과는 집단구성원들이 오늘 토론에서 한 농담과 성관점 논평이 이 집단 내 토론과 이 집단 외 전문가 토론 모두에 부적절함을 이해하는 것일 수 있다. 이는 전문적인 발전을 장려하고 집단구성원들이 직장에서의 다양성과 다문화 문제를 이해하는 데 도움을 줄 수 있는 기회이다.

이 시점에서 효과적인 집단 대화를 위한 기본 규칙을 만들거나 재확인하는 것도 바람직한 결과를 만들어내는 데 도움이 될 수 있다. 프라딥은 맥신을 포함한 모든 구성원들이 집단으로 돌아가 효과적인 의사소통 시스템을 마련하려는 동기를 부여하기 위해 기초 작업을 재정립하고 싶을 것이다.

가능한 조치의 고려와 선택. 현재 집단 세션에서 프라딥은 성차별적인 논평이 더 이상 미해결 상태로 남는 것을 허용하지 않는 것이 중

요하다. 프라딥은 이 상황을 맥신 옹호의 기회로 보는 한편, 집단 내 다른 사람들을 위한 교육 순간으로 볼 수 있다. 직장에서 다양성 문제를 다루는 것은 필수적인 진로발달 기술이다. 앞에서 논의한 바와 같이, 집단에서 이 논의를 용이하게 하는 데는 인내와 민감성이 필요하다. 특히, 맥신이 현재 처해 있는 위태로운 상황과 집단 내 공격자들을 소외시키지 않으려는 프라딥의 요구를 고려할 때 말이다. 그러나 이 상황을 해결하는 것은 여전히 위험을 감수할 가치가 있다. 이 상황을 해결하지 않는 것은 긴장되고 부정적인 상황을 지속시킬 것이고, 맥신을 성소수자로 더욱 고립시키며 자신의 소수 집단 옹호에 대한 요구를 초래할 것이다. 이것은 맥신에게 상당한 해를 입힐 수 있다.

프라딥은 현재 집단 회기 후 맥신을 개별적으로 만나고 싶을 수 있다. 맥신은 집단에서 혼자 소외되었고 그녀가 이 경험을 어떻게 느끼고 처리하는지 함께 점검하는 것은 가치 있는 일이다. 이러한 노력은 프라딥의 관심과 진로발달에 대한 흥미를 보여줄 수 있을 것이며, 맥신이 모두에게 도움이 될 진로서비스를 빠져나가는 대신에 집단 내에서도 그녀에게 더 잘 맞는 다른 자원들을 발견하도록 도와줄 것이다.

마지막으로 프라딥은 이 경험의 성찰을 위해 수퍼바이져나 동료에게 자문을 요청하여 도움을 얻을 수 있다. 그는 이 집단이 어떻게 시작되었는지, 어떻게 구성원이 선정되었는지, 그리고 가능한 집단경험이 어떻게 안내되었는지 생각해보고 싶을 것이다. 또한 오늘 나타난 성차별적 행동을 자제시키기 위한 기본 규칙을 설정하려면 어떤 점을 개선해야 할까? 집단 진로 개입의 설계와 촉진 과정에서 가용한 자원을 검토하는 것이 프라딥에게 큰 도움이 될 것이다(Pyle & Hayden, 2015).

향후 고려 사항: 만약 성별이 뒤바뀐다면 이 상황은 어떻게 달라질까? 나이 차이나 연령 차별이 주요 화제가 된다면 어떻게 해야 할까? 만약 집단구성원 중 한명이 특정 인종이나 종교 전체를 대변하도록 요구받는다면 어떨까? 이와 관련하여 Kitchener와 Anderson(2011, p.107)가

제시한 아프리카계 미국인이 백인집단에서 소외받는 사례를 참조하고, 상담자가 인종과 민족 관계에 대한 역사 관련 지식을 포함하여 문화적으로 이해하고 있는 것이 얼마나 중요한지에 대해서도 알아볼 필요가 있다.

사례 8. 설문조사 결과를 원하는 이들

핵심 주제: 조사자 책임, 고객에 대한 헌신, 학제간 집단

시나리오. 대형 사립대(LPU) 진로센터팀은 진로발달 분야에서 국가트렌드를 선도하며 캠퍼스 내에서도 우수한 상담서비스로 평판이 매우 좋다. 그래서 몇 년 전 '졸업생 진로 현황 조사'(대졸 신입사원의 진로 자료 수집, 예를 들어 NACE, 2014년)가 현장에서 관심주제가 됐을 때 LPU는 뒤쳐진 상태로 가만히 있을 수 없었다. 진로센터 직원 코지는 캠퍼스 전체 대상의 조사 전략을 개발하는 데 앞장섰다. 그는 인프라 구축과 양질의 데이터 수집을 확보하기 위해 연구 기관과 기관 심의위원회에 도움을 요청했다. 해당 프로젝트의 중요한 측면 한가지는 재학생과 졸업생이 제출한 설문 응답이 어떻게 사용될 것인지 고지된 동의서에 명시되어 있으며, 모든 데이터는 최소 20개 설문 집단 단위로 통합되어 공개될 것이라는 보장이다. 이 보장에 의하면 발표나 보고서에 개인신상이 드러나는 상황은 없을 것이다.

프로젝트 시작 2년 만에 코지와 팀은 대학에 1차 조사결과를 발표했고 캠퍼스 구성원들에게 좋은 평가를 받고 있었다. 때로 그들은 조사와 데이터 분석 관련 질문과 추가 분석 요청을 받았는데, 최근의 한 요청 때문에 분석팀은 업무를 중단해야만 했다.

캠퍼스의 기업 대응팀은 첫 번째 진로목표 데이터에서 큰 가능성을 확인하였다. 그들은 누가 LPU 졸업생을 고용하고 있는지에 대해 더

알고 싶어 하며, 그들이 어떻게 그러한 관계를 끌어올릴 수 있을지 방안을 고려하길 원했다. 기업 대응팀 쌤은 코지에게 최근 1년간 가장 많은 졸업생을 채용한 상위 50개 기업 리스트와 더불어 (1) 졸업생 채용 인원, (2) 취업자의 성별 및 인종적 구분, (3) 취업지역, (4) 각 졸업생의 평균 급여 정보를 제공해 줄 것을 요청했다. 쌤은 이것이 모두 대학 내부 자료이기 때문에 자신에게 제공 가능하다고 확신했다. 그러나 코지는 그렇게 확신할 수 없었다. 사실 그는 이 요청에 대해 다소 불편감을 느꼈다. 그의 불편한 감정 이면에는 어떤 이슈가 있을까?

안내된 성찰. 우리는 안내된 성찰을 진행하기에 앞서 여러분들이 개인적으로나 동료들과 함께 이 시나리오를 깊게 성찰하기를 권장한다. 시나리오 검토에 충분한 시간을 갖는 것은 여러분의 윤리적 민감성 증진을 위한 최고의 방법이 될 것이다. 이때, 5장 초반의 시나리오 성찰 질문을 사용하거나 <표 5.2>의 윤리적 의사결정모델에 따르는 것이 좋은 출발점이 될 것이다.

문제 규명과 관련 윤리 이슈 파악. 이 시나리오는 다양한 윤리적 우려점을 포함하고 있다. 코지와 팀은 이러한 상황의 성찰 결과, 대학 졸업생 현황 조사 전체 데이터가 매우 민감한 정보(졸업생 취업지역과 급여 등)로 구성된다는 것과, 더불어 프로그램 승인 및 심의이사회, 입학처 및 마케팅팀, 기업 및 정부관계 총괄 부서 등 캠퍼스 내외의 많은 관계자들에 의해 강한 공유 요구를 받을 수 있다는 것을 인지했을 것이다. 전체 데이터 자체는 대학에 의해 유지되지만, 해당 정보를 제공한 참여자와 협의된 정보보호 사안에 대한 고려 없이 교내 교수와 직원 모두에게 무차별적으로 정보 접근 경로를 오픈할 필요는 없다. 코지 팀은 데이터 공유 방법에 대해 재학생 및 졸업생과 의사소통할 때 진실해야 할 책임이 있으며(진실성), 시간이 지나도 그 약속을 전적으로 준수해야 한다(충실성). 실제로, 이 프로젝트는 기관 감사위원회의 승인을 받을 때, 데이터의 공유는 고지된 동의서에 명시된 내용에 따라 최소 20개 이상

의 응답이 통합된 결과만 공유되며, 기관은 상기 데이터를 보호할 광범위한 책임이 있음을 명확히 한 바 있다.

또한 코지와 팀은 이 새로운 프로젝트에서 데이터 수집 단계의 현실에 대해 성찰할 수 있을 것이다. 1년 또는 심지어 2년에 걸쳐 단일 대학에서 20명 이상의 졸업생을 채용할 만큼 큰 규모의 기업은 그리 많지 않다. 현재 대학 졸업생 현황 조사의 총합 데이터는 총 데이터 공유를 위해 필요한 최소 20명의 응답자를 포함하는 50개 기업이라는 기준에 도달하지 못할 수 있다. 이는 데이터를 성별과 민족 기준으로 나누었을 때, 그리고 각 범주의 집단에 적은 수의 졸업생들만 있을 경우 훨씬 더 어려워진다. 만약 A사에 라틴계 졸업생 한 명만 고용되었다면 이름이 제공되지 않아도 제공된 특징으로 누구인지 쉽게 식별될 수 있다.

한걸음 더 나아가, 코지와 팀은 쌤과 기업대응팀이 요청한 기업별 급여내역 등의 데이터를 통해 각 기업명이 드러났을 때 기업들이 어떻게 느낄지 궁금할 것이다. 이런 식으로 드러나는 것에 화를 낼 것인가 아니면 불편해 할 것인가? 이것은 기업이 제공할 때 공유가 사전 협의된 정보인가? 기업이 이러한 유형의 데이터 공개에 대해 어떤 반응을 보일 것인가? 기업이 신입사원들에게 급여자료를 공개하지 말라고 하거나 LPU 졸업생을 채용하지 말아야겠다는 선택을 할 수 있을까? 이런 사항들을 고려할 때, 장기적으로 민감 정보의 공개는 LPU와 졸업생들에게 타격을 줄 것이다. 그렇다면 식별된 한 기업의 정보 및 기밀유지 권리를 학생 개인의 권리와 동일하게 보아 최소 단위의 데이터를 총합한 후 정보를 공개해야 하는가?

궁극적으로, 코지와 팀은 다음과 같은 질문을 하고 있을 것이다: 이 상황에서 유발될 수 있는 유해성이 이득을 넘어서는가?

감정 인식. 쌤의 요청에 대한 코지의 초기 반응은 해당 요청이 불편하고 참여자에게 약속한 내용을 어기게 된다는 인식으로 인한 버거운 감정일 것이다. 한편으로 해당 요청에 대한 우려를 캠퍼스 구성원들에

게 어떻게 적절하게 설명할 수 있을지에 대한 의문의 감정도 느낄 수 있다. 코지와 팀은 처음에 상충하는 두 가지 욕망, 즉 (1) 대학 졸업생 현황 조사 참여자들의 개인정보와 사생활 보호 합의를 지키는 것과 (2) 캠퍼스 구성원들과 협력적이고 상호이익적인 관계를 유지하는 것 사이에 끼어있다고 느낄 수 있다. 또한, 대학 자료의 소유권에 대해 명확한 선을 긋기 위한 압박감과 혼란감이 존재할 수 있다.

NCDA 윤리강령과 다른 자문자원 활용. 2015 NCDA 윤리강령 중 이 사례를 가장 직접적으로 언급하고 있는 강령은 H. 연구 데이터와 연구참여자 추가와 D. 학제간 팀 작업이 있다. 은 이 논의에서 강조되고 있는 하위강령의 구체적 내용은 <표 5.10>에 기재하였고, 그 전문은 부록에 제시되어 있다.

〈표 5.10〉 사례 8 관련 2015 NCDA 윤리강령

강령	하위강령	
D	D.1.c 학제간 팀워크	D.1.g 고용주 정책
	D.1.e 전문적이고 윤리적 의무 정립	D.1.h 부정적 상황
H	H.1.e 위해 예방	H.2.e 정보 보호
	H.1.f 기본적 연구자 의무	H.2.g 참여자에 대한 헌신
	H.2.a 연구 시 고지된 동의	H.2.i 후원자에 고지
		H.4.d 참여자 식별

이 사례를 탐구하기 위해서 2015 NCDA 윤리강령 H. 연구 및 간행물 조항을 우선 살펴보자. 이러한 설문조사는 종종 연구로 분류되지 않기 때문에, 연구 관련 부분으로 눈을 돌리는 것은 대학 졸업생 현황 조사를 작업하는 많은 진로전문가들에게 우선순위가 아닐 수 있다. 해당 설문조사는 "평가" 또는 "기관 평가"와 같은 범주에 속하는 것으로 간주된다. 그러나 이러한 조사는 종종 연구와 유사한 기법이나 방법을 사

용하며, 기관 심의위원회나 인간대상연구 심의위원회의 승인처럼 공식적이지는 않더라도 참가자에 대해 고지된 동의 의무를 준수할 책임을 갖는다. 이러한 이유로, 참고자료로 연구 윤리 지침을 살펴보는 것이 적절해 보인다.

　코지와 팀이 제시한 이 사례에서는 대학 졸업생 현황 조사 과정에서 참여자에 대한 헌신과(H.2.g), 데이터의 수집, 보관, 제시 관련한 비밀보장(H.2.e)에 대한 고지된 동의가 언급되었다(H.2.a). 기업대응팀 요청에 대해 코지와 팀은 특히 참가자의 신원보호를 염려했다(H.4.d). 우려되는 여러 상황들과 관련하여 프로젝트 리더인 코지가 이 문제에 대한 경각심을 높이고(H.1.e, H.2.i), 그의 팀과 대학 전체 부서가 잘 협업할 수 있는 대안을 모색하는 데 전적인 책임을 가진다(H.1.f). 이들은 프로젝트의 무결성과 참가자 보호를 함께 고려하면서(D.1.c, D.1.e, D.1.g, D.1.h), 동시에 공동의 목표 달성을 도모해야 한다.

> 진로서비스 전문가가 대학내 졸업생 현황 조사에서 주도적 역할을 할 때 그 데이터는 누구에게 속하는가? 누가 데이터에 대한 접근 권한을 가져야 하며, 누가 가장 우선권을 갖는가?

　원하는 결과 확인. 이 시나리오에서 1차적으로 원하는 결과는 대학 졸업생 현황 조사 프로젝트와 대학 단위 간 효과적으로 협력할 수 있는 방법에 대한 고려일 것이다. 코지와 팀은 대학 졸업생 현황 조사 프로젝트가 LPU에게 새로운 것이라는 것을 명심하고, 다른 대학 구성원들이 프로젝트의 복잡성, 참가자 보호의 설계 또는 데이터 공유 관련 잠재적 우려를 아직 이해하지 못할 수 있다는 것을 기억하는 것이 도움이 될 수 있다. 해당 이슈 관련한 명확한 의사소통은 이 이슈와 향후 야기 가능한 관련 문제의 해결에 모두 긍정적인 결과를 가져오는 초석이 될 것이다.

또 다른 바람직한 결과는 대학 이해관계자들이 데이터의 필요성과 의도한 용도를 더 잘 이해하는 것이다. 쌤이 기업대응팀과 추가 대화를 하여, 코지와 팀이 우려하는 비밀보장 위반 없이도 그들의 요구를 충족시킬 수 있는 또 다른 유형의 대학 졸업생 현황 데이터가 있는지 결정하는 데 도움이 될 수 있다.

마지막으로, 본 상황에 대한 탐구는 (1) 이용 가능한 정보, (2) 정보 공개 제한사항, (3) 상기 제한이 존재하는 이유에 대한 향후 요청 및 문의에 대한 지침이나 소통방법의 발전을 이끌어낼 수 있다. 이러한 소통은 향후 캠퍼스 전반에 걸친 상호작용을 이끌고 단순화하는 데 도움이 될 수 있다.

가능한 조치의 고려와 선택. 우선, 코지와 팀은 반응을 대비하기 위해 약간의 선행조사를 실시할 수도 있다. 정보의 외부 공지를 위해 필요한 한계치를 설정하기 위한 자체 조사를 하는 것도 도움이 될 수 있다. 구체적인 사례를 제시하는 것도 과제를 분명하고 가시화하는데 도움이 된다. 예를 들어, 그들은 다음과 같이 말할 수 있을 것이다. "현재까지 우리는 20명 이상의 졸업생이 채용되었다고 보고한 28개 기업 정보만 가지고 있다. 당신이 요청한 상위 50개 기업 명단은 기관 심의위원회에서 결정된 우리의 정보 공개 제한 규정을 어기는 것이다." 팀은 또한 해당 주제에만 집중된 명확한 토론이 이루어질 수 있도록 한 페이지 개요를 작성하여 그들의 우려를 간략하게 전달하는 것도 도움이 된다.

이제 코지는 쌤과 회의를 원할 것이고 그들 팀원의 참가도 권장할 것이다. 이 회의의 목적은 기업 대응팀의 데이터 요청, 정보가 필요한 이유, 정보의 의도된 사용법에 대해 보다 잘 이해하는 데 있다. 일단 상기 주제들을 탐구한 후 윤리적 우려와 정보공개 제한 관련 개요를 제시할 수 있다. 그러면 두 집단은 대학 졸업생 현황 조사 프로젝트 범위 내에서 그리고 기업대응팀에 유용한 접근법 모색을 시작할 수 있다.

이러한 논의에서 코지와 팀원은 대학 졸업생 현황 조사 프로젝트가 캠퍼스 구성원들에게 어떻게 전달되었는지 기업대응팀의 피드백을 공개적으로 요청할 수 있다. 또한 코지와 팀원들은 총합데이터의 장점과 한계를 이해시키기 위해 어떻게 명확히 소통을 할 수 있을까? 대학 졸업생 현황 조사 팀이 참가자와의 약속 범위 내에서 교내 서비스 개선을 위해 할 수 있는 일은 무엇인가?

추가 고려 사항: 대학 졸업생 현황 조사를 하고 있는 상당수 대학들에는 프로젝트를 심의할 기관심의위원회나 인간 대상 연구심의위원회가 없다. 만약 코지가 대학 대표들이 동의한 고지된 동의 서류를 제시할 수 없다면 이 사례는 어떻게 달라질까? 어떤 윤리적 우려가 동일하게 제기되거나 다르게 유발될 수 있는가? 코지와 팀의 이 문제들에 대한 논의는 어떻게 바뀔까? 만약 그렇다면 원하는 결과 또는 가능한 조치 중 어떤 차이가 발생될 것으로 예상하는가?

참고문헌

Burden, P. R., & Byrd, D. M. (2003). *Methods for effective teaching* (3rd ed.). Boston, MA: Allyn and Bacon.

Brown, L. S. (1994). *Subversive dialogues: Theory in feminist therapy.* New York: Basic Books.

Firearm Owners Identification (FOID) Act; 430 ILCS 65. (2015). Retrieved from https://foid.dhs.illinois.gov/ foidpublic/foid/

Gutek, B. A., & Morasch, B. (1982). Sex-ratios, sex-role spillover, and sexual harassment of women at work. *Journal of Social Issues, 38*(4), 55-74.

Kitchener, K. S., & Anderson, S. K. (2011). *Foundations of ethical practice, research, and teaching in psychology and counseling* (2nd ed.). New York, New York: Routledge.

Makela, J. P. (2015). Ethical use of social networking technologies in career services. [Technical Report]. Broken Arrow, OK: National Career Development Association. Retrieved from http://www.ncda.org/ aws/NCDA/asset_manager/get_file/110167

McDonald, P. (2012). Workplace sexual harassment 30 years on: A review of the literature. *International Journal of Management Reviews, 14*(1), 1-17. DOI: 10.1111/j.1468- 2370.2011.00300.x

National Association of Colleges and Employers. (2014, January). *Standards and protocols for the collection and dissemination of graduating student initial career outcomes information for undergraduates.* Retrieved from http://www.naceweb.org/uploaded fifirst-destination-survey-standards-and-protocols.pdf

National Career Development Association Code of Ethics. (2015). Retrieved from http://www.ncda.org/aws/NCDA/asset_manager/get_file/3395

Pope, K. S., & Vasquez, M. J. T. (2007). *Ethics in psychotherapy and counseling: A practical guide* (3rd ed.). San Francisco, CA: Jossey-Bass.

Pyle, K. R., & Hayden, S. C. W. (2015). *Group career counseling: Practices and principles* (2nd ed.) Broken Arrow, OK: National Career Development Association.

6장

다음 단계

다음 단계

    우리는 이 교재에 제시된 토론과 아이디어들이 여러분의 진로발달 실무를 풍부하게 하고 윤리적 의사결정능력을 향상시키는데 도움이 된다는 것을 알기를 바란다. 이 마지막 장은 여러분에게 간단한 팁, 도구, 자원, 그리고 여러분이 배운 것을 교재 밖에 적용할 수 있는 전략을 남기는 것을 목표로 작성되었다. 우리는 지금 여러분에게 진로발달 윤리 관련 교육적인 대화와 활동에 동료들과 동기들을 참여시킬 것을 요청하고 있다. 우리는 윤리 학습의 권장이 모든 진로전문가들에 의해 받아들여질 수 있다고 굳게 믿는다.

    진로전문가들이 어디에서 윤리와 윤리적 의사결정에 대해 배울 수 있는지 이야기할 때, 일반적인 대답은 정규교육 및 훈련 프로그램(예: 대학원 학위 또는 자격증 프로그램에 속해있는 기간; K. Kitchener, 사적 의사소통, 2011년 7월 11일)이다. 초기 훈련 환경은 우리의 연습이 뿌리내리면서 윤리적 문제 탐구를 시작하기에 확실히 좋은 곳이다. 그러나 윤리교육은 교실 문 앞에서 멈출 수 없다. 윤리적 발달은 전 생애에 걸친 과정이다. 우리의 직업경력이 계속 성장하고 전문화됨에 따라 새로운 윤리적 도전과제와 의문이 생길 것이다. 주어진 상황, 환경 및 관련자에 대해 적절하고 효과적인 대응법을 발견하기 위해서는 세심한 성찰이 필요하다. 윤리적 수행에 지속적으로 참여하는 우리의 능력을 고양시키기 위한 유용한 방법은 우리의 주변을 윤리적 원칙을 상기시키는 긍정적이고,

참여적이며, 지지적인 자원과 활동으로 우리 자신을 둘러싸는 것이다.

이 장은 당신이 일상 실무에 윤리를 준수하도록 돕는 것을 최우선으로 하고 있다. 우리는 당신이 새로운 상황에 대해 성찰하고, 동료들 간 대화를 시작하거나, 심지어 필요에 따라 NCDA 윤리위원회와의 연락을 돕기 위한 아이디어와 자원을 제공한다. 이러한 아이디어와 자원을 실무에 활용하기 위해 윤리교육의 "전문가"가 될 필요는 없다. 단지 실무를 향상시키기 위해 협력적 방법을 탐색하는 데 관심이 있는 진로전문가이면 충분하다.

기본적 윤리 원칙 팁 시트

〈표 6.1〉 기본적 윤리 원칙의 예시

기본 윤리 원칙	
무해성의 원칙	해를 입히지 말 것; 고객의 위험에 빠트릴 수 있는 행동을 피할 것
복지제공의 원칙	적극적으로 타인에게 선의를 베풀 것; 긍정적 성장을 촉진
자율성 존중의 원칙	고객이 자신의 방향성을 결정할 수 있는 권리를 행사하도록 권장
정의 준수 원칙	평등과 공정의 준수
충실성 원칙	고객에게 최선을 다하는 것을 명예롭게 여김
진정성 원칙	진실성, 정직성, 투명성

대표적으로 유용한 자원에는 기본 윤리 원칙을 정의와 함께 제시한 작은 팁 시트가 있다(Makela, 2011). 이것은 진로전문가들이 하루 종일 자주 볼 수 있는 게시판, 컴퓨터 화면 근처 또는 다른 가까운 곳에 보관할 수 있도록 인쇄할 수 있다. 이 팁 시트를 자주 보는 것은 핵심적이고 기본적인 원칙을 되새기는 데 도움이 되며, 이를 통해 우리 수행

에 중요한 동기부여 요인을 기억할 수 있다. 팁 시트의 예는 <표 6.1>
에서 확인할 수 있다.

대화 시작 요인

윤리적 민감성과 의사결정을 향상시키기 위한 또 다른 전략은 진
로전문가 팀들 간 교육적 대화를 장려하는 것이다. 직원회의나 브라운
백 토론에서 정기적으로 예정된 "윤리 관련 대화"는 다음의 선택을 포
함한 다양한 전략을 통해 고양될 수 있다.

윤리 사례 연구. 윤리 사례 연구는 유익한 대화를 촉진시킬 수 있
다(이 교과서에 제시된 것처럼). 집단원들에게 시나리오를 제시하고 제시
된 문제를 체계적으로 탐구하기 위해 연속된 성찰질문─관련된 윤리문
제, 등장인물의 반응과 감정, 적절한 윤리강령 및/또는 기준 문서와의
관련성 짓기, 잠재적 자문 출처, 원하는 결과, 결과 도출을 위해 가능한
조치에 대해 고려하도록 한다. 이는 의미 있는 토론과 배움의 기회를
이끌어내는 동시에, 잠재적으로 하루 종일 사무실의 정책과 실무를 알
려줄 수 있다.

간략한 윤리기사 및 자료. 윤리에 대한 간단한 기사를 집단원과
공유하는 것은 기사 내용을 특정 업무 환경이나 고객 집단에 적용할 수
있는 방법에 대한 성찰 뿐 아니라 이슈 중심의 토론을 장려하는 좋은
방법이다. 잠재적인 기사 출처로는 다음의 예시가 있다.

- NCDA Career Developments(ncda.org/aws/NCDA/pt/sp/magazine)
  이 분기별 인쇄매거진은 2009년부터 "간단한 윤리" 칼럼을 통해
  각 매거진 주제와 관련된 다양한 윤리 토픽을 다루고 있다.
- APA Monitor on Psychology(apa.org/monitor/index.aspx) 2015

년 9월까지만 해도 이 월간 온라인 잡지에는 다양한 윤리주제에 대한 흥미로운 짧은 기사를 싣고 있는 "윤리학적 대화"라는 짧은 칼럼이 실렸다. 과거 이슈는 온라인에서 찾아볼 수 있다. 전용 칼럼이 중단되었음에도 불구하고 이 잡지의 최근호에는 윤리 관련 기사가 수록되어 있다.

물론 집단 대화를 촉발하는 자원이 항상 텍스트 기반이어야만 하는 것은 아니다. 전향적이고 환영받는 환경에서 윤리 관련 동영상이나 만화로 소통에 박차를 가하는 것도 대화를 장려하는 전략이 될 수 있다. NCDA의 "땅콩 껍질 속의 윤리학" 칼럼은 최근 만화를 삽입하기 시작했다(Makela & Branch, 2016, 2017 참조). <그림 6.2>는 당신이 시작하기 위한 샘플 만화 모음을 제시하고 있다. 만화 <6.2.a.>와 <6.2.b.>는 둘 다 고정관념과 선입견의 인지라는 주제를 유머러스하게 소개한다. 이 만화들은 가정에 영향을 받은 진술들이 다른 사람들에게 영향을 주는 방법을 탐구하기 위한 유용한 집단 대화의 시발점을 제공할 수 있다. 이는 다양한 환경에서 다문화적 역량과 다양한 관점의 공감을 장려하는 2015 NCDA 윤리강령 섹션과 잘 연계된다(섹션 B.1.a, E.8, G.2.b, G.8, H.1.h). 만화 <6.2.c.>는 우리 자신의 개인적 가치, 태도, 신념을 인식하는 것과 상호작용하는 고객은 다른 관점을 가질 수 있다는 사실을 아는 것의 중요성을 일깨워주는 내용이다. "고객의 목표에 부합하지 않는 가치를 강요하지 않고(2015 NCDA 윤리강령 A.4.b) 개인이 상호작용 시 드러내는 다양성을 존중하는 것은 중요하다. 만화 <6.2.d>는 고지된 동의와 자발적 동의에 대한 도전적인 대화를 부드럽게 소개하고 있다.

〈그림 6.2〉 2015 NCDA 윤리강령 기반의 윤리 카툰 예시(Kirk Branch 작품)

6.2.a 나는 행복해야 된다는 말을 듣는 것에 지쳤어!(Pam Clam의 말)

6.2.b 내 부인이 우리가 임신했다고 말했을 때, 가자미는 나에게 담배를 사주었어, 나는 흡연을 못해. 난 임신했거든 (임신한 남성 해마의 말)

6.2.c. 당신의 핵심가치를 나에게 강요하지 마: 내 가치에는 껍질이 많다고~!(바나나의 말)

6.2.d. 동의의 의미로 그저 고개를 끄덕이세요.

어떤 조건이 개인들로 하여금 자신의 동의 내용을 진정으로 이해하지 못하게 하는가? 더불어, 어떤 조건들이 동의 시 일부 내용을 생략하거나 추가하는 결정을 자신의 의지로 내리는 것을 쉽거나 어렵게 만드는가?(2015 NCDA 윤리강령 A.2, B.5, E.3, F.2, H.2.a)

윤리 단어 클라우드 제작 및 토론

창의적 전략을 위해 집단을 초청해 윤리 단어 클라우드를 만들고, 아이디어를 함께 브레인스토밍한 후 최종 결과에 대해 성찰할 수 있다. 브레인스토밍을 시작하기 위한 과정의 예시는 다음과 같다:

- 현장에서 맞딱뜨리기 가장 염려되는 윤리문제는 무엇인가?(예: 경고 의무, 미성년자과 작업 시 비밀보장의 한계, 소셜미디어 사용에 대한 염려 해소, 다양한 고객의 상충되는 요구 처리)
- 당신이 윤리적 딜레마에 처해있음을 알려주는 첫 번째 징후는 무엇인가?(예: 불편감, 세부사항을 은폐하려는 시도-투명성 결여, 상충되는 우선순위 간 균형조정의 어려움 등의 관찰)
- 윤리적 의사결정 시 당신을 지지하기 위해 가용한 자원은 무엇인가?(예: 윤리강령, 수퍼바이져, 동료, 윤리 문헌)

이것들은 단지 여러분이 단어 클라우드 시작을 돕기 위한 몇 가지 아이디어들이다. 브레인스토밍과 성찰을 장려하는 어떤 질문이든 좋은 시작 지점이 될 수 있다. 예를 들어, <그림 6.3>은 본 교재의 8가지 사례에서 성찰된 감정 단어들의 클라우드를 나타낸다. 단어의 크기는 해당 단어의 출현 빈도를 나타내며, 큰 단어는 더 잦은 빈도를 의미한다. 정서 단어의 시각적 표현은 특히 진로전문가들이 윤리적 어려움에 직면하였을 때, 특히 당황하거나 상황을 해결할 준비가 부족하다고 판단하였을 때 느끼는 걱정, 우려, 압박감을 보여준다. 그러나 자신감, 동정심, 공감, 흥분, 동기부여, 즐거움, 보호 등과 같이 사례 내에서 표현된 긍정적이고 힘을 주는 감정도 주목하라. 윤리적 딜레마는 우리의 진로발달 실무 시 최고 역량을 이끌어낼 기회를 제공한다. 이 단어 클라우드 활동은 딜레마 내에서 이용 가능한 기회에 대한 성찰을 장려할 수 있는 시각적 표현을 만들어낸다.

〈그림 6.3〉 사례 연구 단원에서 표현된 감정 지칭 단어 클라우드

앞서 제공된 다른 브레인스토밍 질문도 패턴과 기회를 보여줄 수 있다. 예를 들어, 특정 진로전문가 집단이 가장 우려하는 윤리적 문제는 미래 진로발달 계획을 위한 통찰을 제공할 수 있다. 또한 팀이 어떤 윤리적 자원과 가장 친숙하거나(클라우드에서 가장 큰 단어), 또는 어떤 자원과 덜 친숙하거나 잘 모르는지(가장 작은 단어 또는 누락된 단어)를 아는 것은 향후 전문성 발달 주제로 한 좋은 토론과 제안의 밑거름이 될 것이다.

워드 클라우드는 미팅에 앞서 사전에 참가자에게 특정 질문에 대한 답변서를 제출하도록 하면 개발할 수 있다. 이후에, 브레인스토밍된 반응은 다양한 온라인 소프트웨어 프로그램 중 하나를 사용하여 단어 클라우드로 체계화될 수 있다. 예를 들어, Tagxedo.com으로 불리는 무료 온라인 프로그램은 사용자가 입력한 단어 목록에 근거해 단어 클라우드를 만들 것이다. 대안으로는 집단 브레인스토밍 아이디어를 즉각적

으로 활용해 워드 클라우드를 만들 수 있는 소프트웨어 제공처도 있다.
Poll Everywhere(www.polleverywhere.com)은 서면 답변을 입력받아
실시간으로 역동적인 워드 클라우드를 만들어 내는 설문조사 질문 창조
가 가능한 구독기반 서비스의 한 예다. 워드 클라우드와 같은 데이터
시각화를 지원하는 기술 자원은 급속도로 발전하고 있다. 저자들은 상
기 옵션 및 다른 옵션들을 검토하여 여러분의 요구에 가장 적합한 것을
결정하길 권장한다.

윤리강령 찾기 게임. 상호적인 집단 활동을 위해, 또 다른 아이디
어는 진로전문가들이 윤리강령이나 전문 표준 문서와 상호작용을 하도
록 장려하는 윤리강령 찾기 게임을 만드는 것이다. 주요 목적은 가용
윤리 자원에 대한 친숙도를 높이고 이를 실무에 적용하는 방법을 습득
하는 것이다. 첫 번째 목표를 위해서는 문서에서 핵심 단어를 도출하고
집단구성원에게 해당 주제를 다루는 문서의 강령을 찾아내도록 요청한
다. 예를 들어, 2015 NCDA 윤리강령에서 "선물 받기" 키워드는 섹션
A.9.e이다. 두 번째 목표를 해결하기 위해, 집단 구성원들에게 상황을
주고 어떤 윤리강령이나 전문 표준 문서가 해당 상황의 해결을 위해 어
떤 조언을 하고 있는지를 물어볼 수 있다.

예를 들어, 다음과 같은 질문을 받을 수 있다: "진로전문가로서, 두
달 동안 함께 작업한 고객이 꿈의 직업을 얻는다. 고객은 새 일을 시작
하기 전에 예쁘게 포장된 꾸러미를 가지고 당신의 사무실을 들른다. 당
신은 어떻게 반응하겠는가? 어떤 요소를 고려하겠는가? 2015 NCDA 윤
리강령은 이 선물을 받는 데 대해 어떤 지침을 제공하고 있는가?"

설명 세션. 마지막으로, 유용한 토론 전략은 윤리문제와 관심사에
대한 탐구를 집단 수퍼비전 대화를 통해 지속하는 것이다. 전문가 집단
이 모여 도전적인 고객 경험이나 사례를 설명할 때, 윤리 발달을 장려
하는 성찰 질문을 포함시킨다. 예를 들어, 다음 사항에 대해 논의하는
것을 고려할 수 있다.

- 이 고객(들)과 함께 작업할 때 나는 어떤 감정을 느끼는가? 내 감정은 무엇에 경각심을 줄까?
- 이 상황에서 내가 관여된 근본적 윤리적 문제는 어느 지점에 있는가?(예: 자율성 존중, 정의, 진실성)
- 윤리강령에서 강조된 적절한 실무 수행을 위해 나는 어느 지점에서 행동을 취하고 있는가?(예: 고지된 동의, 자문, 전문적 경계)
- 관련자 간 관계는 무엇인가(예: 진로전문가에서 고객으로, 진로전문가에서 진로전문가로, 진로전문가에서 고용주로)?
- 개인 간의 역동은 무엇이며, 어느 지점에서 이해관계가 충돌할 것인가?
- 내가 앞으로 나아갈 때 어떤 도전들이 있을 것이며, 어떻게 하면 이러한 도전들을 피할 수 있을까?
- 갈등이나 윤리적 문제가 발생할 경우 어디에서 적절한 상담을 받을 수 있는가?

이와 같은 질문을 탐구하는 설명 세션은 여러 이점이 있다. 자신의 도전적인 사례를 공유하는 개인들은 지속적으로 고객과의 상호작용을 성찰하고 준비할 기회를 얻는다. 또한 이러한 대화에 참여하는 사람들은 대화와 경험을 통해 윤리적 민감성을 확장한다.

NCDA 윤리위원회가 제공하는 추가 자원과 서비스

NCDA 윤리위원회도 이 교재 초판 이후 상당히 성장하여 회원 수는 두 배 이상 증가하고 협회 회원들이 이용 가능한 교육 자원이 확충되었다. 윤리위원회는 NCDA 회원과 지역에 다양한 자원을 제공하고 진로전문가들이 자신 있게 윤리에 관해 소통하도록 장려하였다. 여기이 위원회에서 제공하는 잘 확립된 몇 가지 교육자원이 있다.

웨비나 및 프레젠테이션. NCDA 윤리위원회는 연 단위 NCDA 국제진로발달학회 뿐 아니라 격년제 NCDA 지역별 진로발달협회(CDA)와 빈번한 주 단위 협회에서도 실무자 중심의 윤리 관련 발표를 제공한다.

우리는 미국 전역의 많은 주에 윤리위원회 위원을 두고 있으며, 현지 발표자를 요청하는 주 CDA의 요청에 부응하기 위해 최선을 다하고 있다. NCDA는 비정기적으로 윤리 웨비나를 개최하며 언제든지 볼 수 있도록 웹사이트 "Professional Development"섹션 아래에 저장된다. 여러분은 다가오는 NCDA 컨퍼런스를 통한 전문가 발달 기회에 NCDA 웹 공지를 통해 초대된다.

샘플 양식. NCDA 윤리위원회는 NCDA 웹사이트의 "회원전용" 섹션에, 회원들이 다양한 진로발달 세팅에 사용가능한 전문적 문서를 작성할 때, 회원들이 검토하고 참조 가능한 "샘플양식" 저장공간을 만들었다. 이용가능한 양식의 종류에는 고지된 동의 및 상담계약서, 상담 접수 양식, 정보공개관련 양식, 고용능력평가 양식 등이 있다.

"땅콩 껍질 속 윤리"와 다른 기사. 앞서 언급했듯이 윤리위원회는 분기당 발간되는 NCDA의 Career Developments 잡지에 "땅콩 껍질 속 윤리" 칼럼을 쓴다. 이 칼럼은 윤리 분야 핫이슈에 대한 짧은(1-2페이지) 기사를 통해 의사소통을 촉진하고 독자에게 추가적 자원 안내의 목적을 가진다. 또한, 회원들은 진로 컨버젼스 관련 기사(Makela, 2015a; Mainzer & Dipeolu, 2016; Miller, 2016)와 문헌검토 논문(Makela, 2015b) 등의 추가 윤리위원회 자료와 출판물을 NCDA 웹사이트에서 찾을 수 있다.

윤리위원회 자문. 마지막으로, NCDA 윤리위원회는 윤리적 도전이나 우려에 대한 무료 자문을 제공한다. 위원회가 심의기관은 아니지만, 우리는 회원들의 우려와 질문을 경청하고, 안내된 대처를 돕기 위해 이미 공지되고 사려 깊은 피드백을 제공한다. 도움을 위해 위원회 의장의 연락이 필요할 경우 ethics@ncda.org으로 연락이 가능하다.

마지막 제안

이 장을 마치면서, 저자는 여러분이 윤리적 민감성과 윤리적 의사
결정능력을 향상시킬 수 있는 이 기회를 지속적으로 활용하기 위한 몇
가지 고무적인 전략을 발견하기를 바란다. 저자는 여러분이 이 자료를
동료, 혹은 펠로우 학생, 또는 유관분야 협력자와 논의함으로써 본 교재
에서 시작한 여행을 계속하길 바란다. 저자는 또한 여러분이 저자의 자
격으로 본 교재 저자 또는 NCDA 윤리위원회와 피드백과 아이디어를
공유함으로써 저자의 생각을 확장해주길 바란다. 저자는 예방적이고,
긍정적이며, 윤리 탐구에 힘을 실어주는 대화를 계속하면서 서로에게서
배우길 희망한다.

참고문헌

Mainzer, E., & Dipeolu, A. (2016, June). What does the NCDA Code of Ethics call for? *Career Convergence.* Retrieved from http://www.ncda.org/ aws/NCDA/pt/sd/news_article/122951/_self/CC_layout_details/false

Makela, J. P. (2011, Winter). Ethics in a nutshell: Ethical foundations remain the same. *Career Developments Magazine, 28*(1), 23-24.

Makela, J. P. (2015a, December). Ethical foundations and social technologies in career services. *Career Convergence.* Retrieved from http://www.ncda.org/ aws/NCDA/pt/sd/news_article/114683/_self/CC_layout_details/false

Makela, J. P. (2015b, July). *Ethical use of social networking technologies in career services.* [Technical Report]. Broken Arrow, OK: National Career Development Association.

Makela, J. P., & Branch, J. K. (2016, Spring). Ethics in a nutshell: Seeking best practice in client assessment. *Career Developments Magazine, 32*(2), 23.

Makela, J. P., & Branch, J. K. (2017, Spring). Ethics in a nutshell: Ethical marketing of career services. *Career Developments Magazine, 33*(2), 29.

Miller, N. J. (2016, June). Five ways a Code of Ethics helps guide the business of a career professional. *Career Convergence.* Retrieved from http://www.ncda.org/aws/NCDA/pt/sd/news_article/122894/_self/ CC_layout_details/false

National Career Development Association. (2015). *2015 NCDA code of ethics.* Retrieved from http://www.ncda.org/aws/NCDA/asset_manager/ get_file/3395

2015 NCDA 윤리강령

목차

NCDA 윤리위원회는 ACA와 그 윤리위원회의 업무를 인정한다. NCDA 1952년 ACA 창립협회 중 하나로 설립된 현재 ACA 산하 분과이다. 최근의 개정을 통해 NCDA 윤리위원회는 ACA 강령의 구조를 따르도록 노력했는데, 이는 NCDA 회원자격을 개발, 추가, 증진하는 동안 두 강령이 서로 호환되도록 하기 위한 것이다. ACA 윤리강령에 대한 자세한 정보는 웹사이트에서 얻을 수 있다.

차별금지 성명

NCDA는 연령, 문화, 장애, 민족성, 인종, 종교/영성, 신념, 성별, 성 정체성과 표현, 성적 지향, 결혼/파트너십 상태, 선호 언어, 사회경제적 상태 또는 업무 성과와 관련 없는 어떤 특징에 기인한 개인차별에 반대한다.

섹션 A: 전문적 관계

소개

진로전문가가 고객 성장을 촉진하고 이익과 복지를 증진시키고, 고객들과 건강한 관계형성을 증진하여, 고객의 성장을 촉진한다. 신뢰는 전문적 관계의 초석이므로, 진로전문가는 고객의 개인정보 보호와 비밀보장 관련 권리를 존중하고 보호할 책임이 있다. 진로전문가는 고객 개인의 다양한 문화적 배경을 이해하기 위해 적극적으로 노력해야 한다. 진로전문가는 자신의 문화적 정체성과 이것이 어떻게 작업 관계 시 자신의 가치와 신념에 영향을 미치는지도 탐구할 필요성이 있다. 진로전문가는 금전적 이득과 관계없이 자신의 전문적 활동의 일부를 제공하여 사회에 기여할 필요가 있다(공익활동).

A.1. 진로전문가 고객의 복지

A.1.a. 기본 책임

진로전문가의 기본 책임은 개인 고객의 존엄성을 존중하고 국민의 복지를 증진하는 것이다.

A.1.b. 서비스 유형 차이

진로계획 서비스는 진로상담 서비스와 다르다. 진로계획 서비스는 특정한 요구를 가진 고객을 돕기 위한 선별된 정보의 적극적인 제공을 의미하는데, 구체적으로 이력서 검토, 네트워킹 전략 지원, 가치관, 흥미, 기술, 이전 경력, 또는 다른 특성 사정에 기반을 둔 직업 탐색, 구직과정 지원, 흥미, 능력, 성격, 직업가치관 또는 다른 특성의 지필 또는 온라인 기반 사정을 포함한다. 정보 중심 서비스 외에도 진로상담 서비스는 전문적 상담 관계 설정을 기반으로, 심층적 수준에서 고객과 작업할 수 있는 기회와 진로계획 이상의 고객의 진로 및 발달 관련 우려를 조력할 수 있는 가능성을 제공한다. 진로계획이든 진로상담 서비스 이 든 모든 진로전문가는 자신의 전문적 역량과 자격의 범위 내에서만 서 비스를 제공한다.

A.1.c. 기록 및 문서화

진로전문가는 법, 규정, 또는 기관/조직 절차에 의해 전문서비스 내용 제출이 필요할 때 대비하여 기록을 유지한다. 진로전문가는 서비 스의 전달과 지속성을 촉진하기 위해 기록 시 충분하고 시의적절한 문 서화를 해야 한다. 진로전문가들은 기록의 문서가 정확하게 고객의 진 행 상황과 제공된 서비스를 반영한다는 것을 확신할 수 있도록 합리적 인 조치를 취한다. 만약 기록이 수정되었을 경우, 진로전문가는 적용 가 능한 정책에 따라 적절한 수정이 이루어졌는지를 주목하기 위해 적절한 조치를 취해야 한다. 특히 필요한 것보다 길게 기록을 보유하는 것이 고객에 도움이 된다는 합리적 기대가 없을 때 진로전문가는 자신의 파 일을 연방, 주, 지방, 기관 법령, 법, 규정, 절차에 근거한 시간 단위에 따라 제출할 것이 권장된다. 진로전문가는 기록보관 시 적용가능한 모 든 연방, 주, 지역 및/또는 기관 관련 법령, 법률, 규정, 절차를 알고 준 수하는 것이 기대된다.

A.1.d. 진로서비스 계획

진로전문가와 그 고객이 서면이나 구두로 합리적인 성공 약속을 제공하고 고객의 능력과 상황에 합치하는 통합 진로서비스 계획 시 함 께 작업한다. 진로전문가와 고객은 지속적인 실행가능성과 효율성을 판 단하기 위해서 정기적으로 진로 계획을 검토하며 그 과정에서 고객의 선택의 자유권을 존중한다.

A.1.e. 네트워크 지원 개입

진로전문가는 고객의 생활에서 다양한 의미를 가지고 있는 네트워크를 지원하는 것을 인식하고, 긍정적인 자원으로서 적절한 시점에 고객의 동의하에 지원, 이해 및 다른 사람과의 교류(가족, 친구, 종교/영적/지역사회 장) 리스트를 제시할 필요가 있다.

A.2. 전문적 관계에서 고지된 동의

A.2.a. 고지된 동의

고객은 전문적 관계의 시작과 지속여부를 결정할 수 있는 자유를 가진다. 고지된 동의 결정을 위해서 고객은 작업 관계와 진로전문가에 대한 적절한 정보가 필요하다. 진로전문가는 작업 관계 시작에 앞서 진로전문가와 서비스 수혜자 모두의 책임과 의무를 서면과 구두로 검토할 의무를 갖는다. 또한, 고지된 동의는 전문적 관계 내에서 지속되며, 진로전문가는 작업 관계 전반에서 고지된 동의 관련 논의를 적절하게 문서화한다.

A.2.b. 필요한 정보 유형

진로전문가는 고객에게 제공되는 모든 서비스의 본질을 명확하게 설명한다. 구체적 예로 진로전문가는 고객에게 목적, 목표, 기술, 절차, 제한점, 잠재적 위험, 서비스의 이점, 진로전문가 자격, 자격 증명 및 관련 경력, 기술의 역할, 진로전문가 사망 또는 불가능한 상황에서의 서비스 지속, 기타 사항 관련 적절한 정보를 알려야 한다. 진로전문가는 고객이 진단의 잠재적인 결과와 검사 또는 사정 도구 의도한 용도와 보고서, 서비스 비용 및 청구 과정(서비스 비용 미납에 관한 절차 포함)을 완전히 이해했음을 보장하기 위한 단계를 밟아야 한다. 고객은 비밀유지 보장에 대한 권리를 가지며, 비밀보장이 제한되는 사안(수퍼바이져나 팀 작업 전문가가 공유하는 경우), 기록에 대한 명확한 설명을 듣는 것, 지속되는 진로서비스 계획 참여, 어떤 서비스나 변경 거부 가능, 또한 거절의 결과에 대해 조언을 얻을 권리 또한 가진다.

A.2.c. 발달 및 문화적 감수성

진로전문가는 발달적으로나, 문화적으로 적절한 방법을 통해 정보를 전달한다. 진로전문가는 고지된 동의 관련 사항에 논의할 때 명확하고 이해할 수 있는 언어를 사용한다. 진로전문가의 언어를 고객이 이해하기 어려울 때, 고객의 완전히 이해를 보장하기 위해 별도의 절차(자격을 갖춘 통역자 또는 번역기 제공 조력)가 뒤따를 수 있다. 서비스 비용 관련하여, 연방, 주, 지방 및/또는 기관정책, 법, 규정, 절차에 따른 고객은 이관할 수 있다. 따라서 고객에게는 다른 진로전문가를 찾거나, 고객의 선택을 도울 수 있는 번역사나 통역사를 고용할 수 있는 기회가 주어져야 한다. 고객과의 협업과정에서, 진로전문가들은 고지된 동의 절차의 문화적 의미를 고려해야 하며, 진로전문가는 자신의 작업을 가능하고 적절한 수준으로 조정해야 한다.

A.2.d. 동의 불가

미성년자 또는 자발적인 동의가 어려운 고객에게 진로서비스를 제공할 때, 진로전문가는 서비스에 대한 고객의 동의를 구하고, 그들을 바람직한 의사결정에 포함시킨다. 진로전문가는 고객이 결정을 내릴 수 있는 윤리적 권리와 자신의 서비스를 동의 또는 승인할 수 있는 능력, 해당 고객을 보호하고 대신 결정 내릴 수 있는 부모와 가족의 법적 권리와 책임 사이에서 균형을 잡을 필요성을 인식한다.

A.2.e. 위임받은 고객

진로전문가가 서비스를 위임받은 고객과 작업을 할 때 비밀보장의 제한 사항에 대해 논의한다. 또한, 진로전문가는 서비스 시작 전에 어떤 유형의 정보와 누구에게 정보가 공유되는지 설명한다. 고객은 서비스를 거부할 수 있다. 이 경우에 진로전문가는 최선의 능력을 발휘하여 서비스 거부에 따른 잠재적인 결과를 고객과 의논해야 한다.

A.3. 다른 전문가 서비스를 받는 고객

진로전문가가 고객이 다른 정신건강 전문가와 전문적 관계 하에 있는 것을 알게 되었을 때, 적절하다면, 진로전문가는 고객에게 다른 전문가에 대한 고지와 긍정적이고, 협력적인 전문적 관계 형성을 위해서 적절하고 필요할 때 서면 승인을 요청할 수 있다.

A.4. 무해성과 가치 강요 금지

A.4.a. 무해성

진로전문가는 자신의 고객, 학생, 수련생 및 연구참여자에게 해를 끼치지 않아야 하고, 피할 수 없거나 예상치 못한 해를 최소화하기 위해 행동한다.

A.4.b. 개인 가치관

진로전문가는 자신의 가치, 태도, 신념, 행동을 인지하고 있어야 하며 고객의 목표와 일치하지 않는 가치를 강요하는 것을 피한다. 진로전문가는 고객, 학생, 수련생, 연구참여자의 다양성을 존중한다.

A.5. 역할 및 고객과의 관계

A.5.a. 현재 고객

현재 고객, 또는 자신의 로맨스 상대나 가족과의 성적 또는 로맨틱한 상호작용 또는 관계는 금지된다.

A.5.b. 이전 고객

현재 고객, 또는 자신의 로맨스 상대나 가족과의 성적 또는 로맨틱한 상호작용은 마지막 전문적 만남 이후 5년 동안 금지된다. 진로전문가는 이전 고객, 또는 자신의 로맨스 상대나 가족과 마지막 전문적 만남 5년 후 성적 또는 로맨틱한 상호작용을 시작하기 이전에, 해당 관계나 상호작용이 어떤 면에서 착취적인지 아닌지, 아니면 여전히 이전 고객에게 피해를 줄 가능성이 여전히 있는지를 확인할 수 있는 전후 상황 설명과 문서를 제출해야 한다. 잠재적인 착취 또는 위해의 가능성이 있는 경우에 진로전문가는 그러한 상호작용이나 관계를 시작하지 않는다.

A.5.c. 비전문적 상호작용 및 관계 형성(성적 또는 로맨틱한 관계 및 상호작용 이외)

진로전문가는 현재 고객, 이전 고객 또는 자신의 로맨스 상대나 가족과의 성적 또는 로맨틱한 관계 및 상호작용을 피해야 한다. 단, 상호작용이 잠재적으로 고객에게 유익할 때는 제외한다.

A.5.d. 잠재적으로 유익한 상호작용

고객 또는 이전 고객과의 비전문적 상호작용이 잠재적으로 도움이 될 수 있을 때, 진로전문가는 해당 상호작용에 앞서(또는 알아차리자마자), 그러한 관계의 타당성, 잠재적 이익, 고객 및 고객과 관련된 다른 개인들이 갖는 기대 결과에 대한 내용을 사례로 기록해 놓아야 한다. 그러한 상호작용은 반드시 적절한 고객의 동의하에 시작되어야 한다. 비전문적 상호작용 때문에 고객 또는 이전 고객과 이들의 가까운 지인에게 의도하지 않은 손해가 발생한 경우, 진로전문가는 그러한 위해의 치료를 시도한 증거를 보여주어야 한다. 잠재적으로 유익한 상호작용의 예로는 공식 행사 참석(결혼/약혼식, 졸업식), 현재 또는 이전 고객과 자신의 지인이 제공하는 서비스 구매(제한된 물물교환 제외), 아픈 가족구성원의 병문안, 전문가 단체, 기관, 또는 집단에 공동 소속 등이 포함되나, 반드시 이에 국한되지는 않는다.

A.5.e. 전문적 관계의 역할 변화

진로전문가가 가장 최근에 계약한 관계에서 역할과 진로를 바꿀 때, 해당 전문가는 고객에게 사전 동의를 얻어야 하며, 변화와 관련하여 서비스를 거부할 수 있는 고객의 권리를 설명한다. 다음에 역할 변경의 예시를 제시하지만, 반드시 이에 국한되지는 않는다.

1. 치료, 관계, 가족 상담에서 개인 진로서비스로 변화 또는 그 반대.
2. 비법의학적 평가자 역할에서 치료적 역할로의 변화 또는 그 반대.
3. 진로전문가에서 연구원으로의 역할 변화(예를 들어, 고객을 연구 참여자로 참여)또는 그 반대.
4. 진로전문가에서 중재자로의 역할 변화 또는 그 반대.

고객은 진로전문가의 역할 변화에 대해 예상된 결과에 대해 충분히 설명을 들어야 한다(경제적, 법적, 개인적, 치료적 측면 포함).

A.5.f. 기타 관계

진로전문가는 이전에 로맨틱한 관계나 성적인 관계에 있었던 개인에 대한 서비스를 피한다. 또한 객관적이기 어려운 친구나 가족 구성원에게 서비스를 제공하는 것도 삼간다. 만약 진로전문가가 언급한 유형 중어떤 개인에게든지 서비스를 제공할 경우 반드시 다른 진로전문가와 상의하여야 하며, 해당 고객을 리퍼하지 않은 이유를 문서화하여야 한다.

A.6. 개인, 집단, 기관, 사회적 수준별 역할 및 관계

A.6.a. 옹호

진로전문가는 적절한 때 개인, 집단, 기관 및 사회적 수준에서 고객의 성장과 발달 및 접근성을 저해하는 잠재적 장벽과 장애물을 시험하기 위해 옹호한다.

A.6.b. 비밀보장 및 옹호

진로전문가는 서비스의 질을 향상시키고, 고객의 접근과 성장 및 발달을 저해하는 시스템적 장벽 또는 장애물을 제거하기 위한 목적으로 고객을 대표하여 옹호 노력을 시작하기 전에 고객의 동의를 얻는다.

A.7. 다중관계

진로전문가가 이미 관계가 있는 둘 이상의 고객에게 진로서비스를 제공하는 것에 동의할 때, 진로전문가는 개인 또는 개인들이 고객임과 진로전문가가 연관된 개개인과 속하게 될 관계의 본질을 명확히 고지한다. 만약 진로전문가에게 잠재적으로 갈등하는 역할 수행이 요청될 것이 자명하다면, 진로전문가는 하나 이상의 역할을 명확히 하거나, 조정하거나, 적절하게 철회할 것이다.

A.8. 집단 작업

A.8.a. 선별

진로전문가는 유용한 집단 프로그램 참여자를 선별한다. 진로전문가는 최대한 개인적 요구와 목표가 집단과 일치하며, 집단의 과정을 저해하지 않으며, 집단 경험에 의해 웰빙이 위험해지지 않을 개인을 구성원으로 선택한다.

A.8.b. 고객 보호

집단 세팅에서 진로전문가는 물리적, 정서적, 심리적 외상으로부터 고객들을 보호하기 위해 합당한 예방을 한다.

A.9. 서비스 비용 및 비즈니스 관행

A.9.a. 자기 리퍼 & 수용 불가한 사업 수행

상담서비스 제공을 위해 기관에서 일하는 진로전문가(학교, 에이전시, 기관)는 기관의 특정 정책이 자기-리퍼를 예외 조항을 만들지 않는 한 고객을 자신의 개인 작업으로 이관하지 않는다. 해당 사례로, 고객은 다른 사립 진로서비스를 원할 때 열려 있는 다른 선택 옵션에 대한 고지를 받아야 한다. 진로전문가는 전문 서비스에 고객을 리퍼할 때 서비스 비용 분할, 또는 커미션 수수, 리베이트, 보수 외 다른 어떤 형태 금

품수수에 참여하지 않는다.

A.9.b. 서비스 비용 설정

전문 진로서비스에 대한 비용을 책정할 때, 진로전문가들은 고객의 재정 상태와 그들이 업무를 수행하는 지역특성을 고려한다. 확립된 서비스 비용 구조가 고객에게는 적합하지 않은 경우에 진로전문가는 고객이 수용 가능한 비용으로 유사한 서비스를 찾도록 돕는다.

A.9.c. 서비스 비용 미지급

진로전문가가 합의된 서비스 비용을 지불하지 않은 고객에게 서비스 비용 수령을 위해 대행업체를 이용하거나 법적 판단을 받고자 한다면, 전문가는 고지된 동의 확인서 상의 고객 정보를 제출할 수 있고, 의도된 행동을 시의적절하게 고객에게 알려, 고객에게 지불할 수 있는 기회를 제공한다.

A.9.d. 물물교환

진로전문가는 고객이 물물교환을 요구하거나, 그러한 관행이 지역사회 전문가들 사이에서 실무로 받아들여진다 하더라도, 오직 해당 관계가 착취적이거나 해롭지 않은 경우와 진로전문가의 지위를 부당한 이득을 위해 사용하지 않는 경우에만 물물교환을 할 수 있다. 진로전문가는 물물교환의 문화적 의미를 고려하고, 고객과 관련 우려점들을 논의하고, 계약서상에 명확하게 동의 내용을 문서화한다. 진로전문가는 지역, 주, 연방법 뿐 아니라 상기 조항에 의해 추론된 세금 사항에 대해 알아야 한다. 더 나아가, 진로전문가는 일련의 과정들이 그들에게 최상의 이익을 주는지 결정하는 과정에서 모든 가능성 있는 연방, 주, 지역 및/또는 기관 법령, 법, 규정, 절차에 정통한 서비스 제공자를 지정하고, 자격을 갖춘 상담사(변호사 또는 회계사)를 구할 수 있도록 그들과 직접 연락해야 한다.

A.9.e. 선물 수령

진로전문가는 고객에게 선물을 받음으로서 생기는 도전을 이해하고, 몇몇 문화에서 작은 선물은 존경의 표시이며 감사의 표현 방법이라는 것을 이해한다. 고객으로부터 선물을 받거나 받지 않기로 결정했을 때, 진로전문가 그들 관계의 본질, 선물이 기념하는 가치, 선물을 주려는 고객의 동기, 선물을 받기를 거절하는 진로전문가의 동기를 고려한다.

A.10. 종결과 리퍼

A.10.a. 포기 금지

진로전문가는 서비스를 제공하는 고객을 포기하거나 방치하지 않는다. 진로전문가는 휴가, 병가, 종결 같은 방해요인 동안, 필요할 때 지속적인 처치를 위한 적절한 준비를 도와야 한다.

A.10.b. 고객 조력 불가능

만약 진로전문가가 고객에게 전문적 조력이 불가능하다고 판단되면, 전문적 관계의 진입과 지속을 피한다. 진로전문가는 문화적으로나 임상적으로 적절한 리퍼 장소 관련 정보가 있어야 하며, 이 대안들을 제공한다. 고객이 추천한 리퍼를 거절한다면, 진로전문가는 관계를 중단할 수 있다.

A.10.c. 적절한 종결

진로전문가는 고객이 더 이상 조력을 필요로 하지 않고, 서비스에서 이득을 얻지 못하는 것 같으며, 지속된 서비스가 해를 가할 가능성 있는 것이 타당하게 명백할 때 전문적 관계를 종결한다. 진로전문가는 고객 또는 고객과 관계를 맺고 있는 다른 사람이 해를 가할 위험에 있거나, 고객이 약속한 서비스 비를 지불하지 않을 때 작업 관계를 종결할 수 있다. 진로전문가는 서비스를 사전 종결할 수 있으며, 실현가능하고 필요할 때 다른 서비스 제공자를 추천한다.

A.10.d. 적절한 서비스 이전

진로전문가가 고객을 다른 전문가에게 이관하거나 리퍼할 때, 적절한 임상적 행정적 과정이 마무리되었는지 확신해야 하며, 고객 및 다른 전문가와 열린 의사소통을 지속해야 한다.

섹션 B: 비밀 보장, 면책 특권 정보, 개인정보 보호

도입

진로전문가는 신뢰가 전문적 관계의 초석임을 인식한다. 진로전문가는 지속적인 파트너십을 만들고, 적절한 경계를 설정하고 유지하며, 신뢰를 유지함으로서 고객의 신뢰를 얻기 위해 작업한다. 진로전문가는 문화적으로 유능한 방법으로 비밀보장의 기준에 대해 의사소통한다.

B.1 고객의 권리 존중

B.1.a. 다문화 및 다양성 고려

진로전문가는 비밀보장과 개인정보 보호의 문화적 의미에 대한 인식과 민감성을 유지해야 한다. 진로전문가는 정보공개를 바라보는 다양한 관점을 존중한다. 진로전문가는 어떻게, 언제, 누구와 정보를 공유할지에 대해 고객과의 지속적 논의를 고수한다.

B.1.b. 개인정보 존중

진로전문가는 개인정보 보호에 대한 고객의 권리를 존중한다. 진로전문가는 작업 관계에 도움이 될 때만 고객의 개인정보를 요청한다.

B.1.c. 비밀보장 존중

진로전문가는 잠재적 및 현재 고객의 비밀정보를 보호한다. 진로전문가는 고객의 동의 또는 건전한 법적·윤리적 정당화 없이 비밀정보를 공유하지 않는다.

B.1.d. 제한점 설명

전문적 관계의 시작 시점과 전반에 걸쳐, 진로전문가는 고객에게 비밀보장의 제한 사항에 대해 고지해야 하며, 비밀보장이 위반될 것으로 예측되는 상황을 파악하려는 노력을 해야 한다.

B.2. 예외

B.2.a. 위험 및 법적 요구 사항

비밀공개가 고객 또는 식별된 개인을 심각하고 예측 가능한 위협으로부터 보호하기 위해 필요할 때 또는 법적 요건이 비밀정보가 반드시 공개되어야 한다고 할 때, 진로전문가가 비밀보장을 준수해야 할 일반적인 의무사항이 적용되지 않는다. 진로전문가가 비밀정보를 공개해야 할 경우의 예는 아동학대와 노인학대가 의심되거나 확실한 경우에는 의무적으로 보고해야 하며, 고객이 전염적이고 생명을 위협하는 질병 또는 식별 가능한 3자를 감염시킬 수 있는 상태일 때, 또는 고객의 미지불된 서비스 비용 받기 위해 수거 대행업체에 알릴 때도 해당한다. 진로전문가는 이 비밀보장 예외의 타당성이 의심될 때, 변호사를 포함한 다른 전문가들에게 상의한다.

B.2.b. 전염성, 생명을 위협하는 질병

고객이 일반적으로 전염적이고 생명에 위협적이라 알려진 질병에 걸렸다고 밝혔을 때, 그 질환이 파괴적이고 높은 전염력을 가진 것으로 알려져 있다면, 진로전문가가 식별가능한 제3자에 정보를 공개하는 것은 정당화된다. 정보 공개에 앞서, 진로전문가는 고객이 해당 질병에 대해 제3자에 알릴 의도 또는 식별 가능한 3자에 유해한 행동을 할 가능성을 평가해야 한다. 진로전문가는 질병 상태 공개 관련한 해당 주의 관련 법을 따라야 한다.

B.2.c. 법원 공개 명령

법원의 명령으로 비밀 또는 면책 특권 정보를 공개할 때, 진로전문가는 고객에게 알리고 고객에서 동의 문서를 얻으려는 노력을 하거나 또는 공개를 막거나 고객에 잠재적인 해를 최소화하기 위해 최소한 좁은 범위로 한정하기 위한 단계에 착수한다.

B.2.d. 최소 공개

가능한 한, 비밀정보가 공개되거나 공개를 위한 의사결정 단계에 들어가기 전에 고객에 고지되어야 한다. 상황이 비밀정보 공개를 요구할 때, 핵심 정보만 공개한다.

B.3. 다른 이들과 공유된 정보

B.3.a. 하급자

진로전문가는 고객의 개인정보와 비밀이 고용인, 수련자, 학생, 비서, 봉사자를 포함하는 하급자에 의해서도 유지될 수 있도록 모든 노력을 기울인다.

B.3.b. 치료 팀

고객 상담 내용이 처치 팀에 의해 지속적으로 검토되거나 관여될 때, 고객에게 팀의 존재와 구성원, 공유된 정보, 해당 정보의 공유 목적 관련 정보가 고지되어야 한다.

B.3.c. 비밀 설정

고객에게 서비스를 제공할 때, 진로전문가는 합리적으로 고객의 비밀을 보장할 수 있는 세팅에서만 일하려고 노력한다. 그러한 세팅이 가능하지 않을 때, 진로전문가는 그 세팅의 한계에 대해 의논하고, 고객에게 진행여부에 대한 동의를 구한다. 만약 고객이 그러한 세팅에서의 서비스 진행을 원하지 않으면, 진로전문가는 가능하고 실행 가능한 대안이나, 다른 진로전문가에게 리퍼를 제안한다.

다른 전문가에게 이관할 때, 진로전문가는 비밀정보를 고객의 비밀정보가 합리적으로 보장될 수 있는 세팅에서만 논의한다.

B.3.d. 제3의 비용지불자

진로전문가는 오직 고객이 공개와 연방 주, 지역, 기관 법령, 법, 규정 또는 절차에 합당하며 공개 승인을 받았을 때 제3자 비용지불자에게 정보를 공개한다.

B.3.e. 비밀정보의 전송

진로전문가는 비밀정보가 어떤 매체를 통해 전송되는지를 확실히 하기 위해 예방대책을 취한다.

B.3.f. 사망한 고객

진로전문가는 법적 필요사항과 대행업체 또는 기관 법령에 맞추어 사망한 고객의 비밀을 보호한다.

B.4. 집단과 가족

B.4.a. 집단 작업

집단 작업을 할 때, 진로전문가는 특정 집단 대상으로 비밀보장의 중요성과 측정기준을 분명히 설명한다.

B.4.b. 여러 가족구성원 대상 진로서비스 제공

여러 가족구성원(배우자/파트너, 부모/자녀 등)에게 진로서비스를 제공할 때, 진로전문가는 누가 고객으로 간주되는지와 비밀보장 관련 예상 사안과 제한점을 명확하게 정의한다. 진로전문가는 알려진 정보의 비밀보장을 위해 개인 각자의 비밀보장 권리 및 의무와 관련하여 동의가 가능한 관련당사자들 사이의 합의와 문서화를 이끌어낸다.

B.5. 고지된 동의가 불가능한 고객

B.5.a. 고객에 대한 책임

미성년 고객 또는 자발적이고 고지된 동의가 불가능한 성인들에게 진로서비스를 제공할 때, 진로전문가는 연방과 주 법률, 문서화된 정책, 적용 가능한 윤리적 기준에 명시된 바와 같이 전문적 관계를 통해 얻는 정보의 비밀을 보호한다.

B.5.b. 부모와 보호자에 대한 책임

진로전문가는 진로전문가의 역할과 전문적 관계의 본질인 비밀보장 원칙을 부모와 보호자들에게 고지한다. 진로전문가는 가족의 문화적 다양성에 민감하여야 하고, 법에 따라 아동의/피보호자의 복지 전반에 걸친 부모/보호자의 내재된 권리와 책임을 존중한다. 진로전문가는 적절하다면 고객의 요구와 복지를 최대한 제공하기 위해 부모/보호자와 협력적 관계를 설정하기 위해 일한다.

B.5.c. 비밀정보 공개

미성년 고객 또는 자발적이고 고지된 동의가 불가능한 성인들에게 진로서비스를 제공할 때, 진로전문가 정보공개시 적절한 제3자에게 허락을 구한다. 이러한 경우, 진로전문가는 고객이 이해가능하고 수준에서 설명하고, 고객의 비밀을 준수하기 위해 문화적으로 적절한 기준을 받아들인다.

B.6. 기록 및 문서화

B.6.a. 비밀 기록과 문서의 작성 및 보관

진로전문가는 전문적 서비스 제공을 위해 필요할 때 기록과 문서를 작성한다. 진로전문가는 해당 기록과 문서가 어떤 매체에 보관되어 있든지 안전하고 승인받은 사람들만 해당 기록 접근이 가능하도록 보장해야 한다.

B.6.b. 기록 접근 허가

진로전문가는 전기 매체 외 다른 수단으로 회기를 녹음하기에 앞서 고객으로부터 허가를 받는다.

B.6.c. 관찰 허가

진로전문가는 고객의 허가를 받는다. 회기 관찰을 허용하기 전, 회기 녹취록의 검토, 수퍼바이져, 수련생, 교수, 동료, 또는 훈련 환경에 있는 다른 사람이 회기 기록을 검토하기에 앞서 고객의 허가를 받아야 한다.

B.6.d. 고객 접근권

진로전문가는 결정권이 있는 고객이 요청할 때 기록과 복사본에 대한 타당한 접근을 허용한다. 진로전문가는 고객에게 해가 될 것이라는 설득력 있는 근거가 있고, 연방, 주, 지역, 기관 법령, 법률, 규정, 절차에 합당할 때 고객의 기록 또는 그 일부에 대한 접근을 제한한다. 진로전문가는 고객의 요청과 고객 기록 전체 또는 일부를 제공하지 않은 타당성을 문서에 남긴다. 다수 고객이 관련되어 있는 상황에서, 진로전문가는 개별 고객에게 그들에게 직접 관련된 기록의 해당 부분만을 제공하며, 다른 관련 고객의 비밀정보는 포함하지 않는다.

B.6.e. 기록 관련 지원

고객이 자신의 기록을 요청할 때, 진로전문가는 해당 기록을 해석하는 데 조력과 자문을 제공한다.

B.6.f. 공시 또는 양도

비밀 유지 예외에 해당하지 않는 한, 진로전문가는 합법적인 제3자에게 기록을 공개 또는 이전할 때 고객에게 서면 허가를 받는다. 취해진 조치는 진로서비스 기록의 수여자가 비밀유지에 민감하다는 것을 분명히 해야 한다.

B.6.g. 종결 후 보관과 폐기

진로전문가는 타당한 미래의 연락 가능성에 근거하여 서비스 종료 후에 기록을 보관하고, 고객의 비밀을 보호하기 위해 기록의 통제, 고객 기록과 다른 민감한 내용의 폐기 방법 관련하여 적용이 가능한 모든 연방, 주, 지역, 기관 법령, 법률, 규정, 절차에 따라 기록을 유지한다.

B.6.h. 합리적인 예방 조치

진로전문가는 자신의 직무 수행 중단, 자격 상실, 사망 등의 경우에 고객의 비밀을 보장하기 위한 합리적인 예방 조치를 취하고, 적절하다고 판단될 때 기록 관리자를 지정한다.

B.7 연구 및 훈련

B.7.a. 기관 승인

기관 승인이 필요할 때, 진로전문가는 연구계획서에 대한 정확한 정보를 제공하고, 연구 수행 전에 승인을 취득한다. 승인받은 연구 절차에 따라 진로전문가는 연구를 수행한다.

B.7.b. 지침 준수

진로전문가는 연구 수행 시 비밀 보장 관련한 연방, 주, 지역, 대행업체, 기관 법령과 모든 적용 가능한 지침들을 이해하고 준수해야 할 책임이 있다.

B.7.c. 연구 과정에서 취득한 정보의 비밀보장

연구참가자 개인정보와 비밀 보장 위반의 위험은 사람 대상의 연구 참여 시 존재한다. 그러나 연구자는 모든 연구 기록을 보안이 되는 방법으로 보관해야 한다. 연구자는 모든 연구참여자에게 개인정보와 비밀 보장 위반의 위험에 대해 설명해야 하고, 비밀보장의 제한 사항 발생이 예상될 때 연구참여자에게 공개한다. 비밀이 보장될 가능성에도 불구하고, 연구자는 연구참여자에게 예상되는 어떠한 종류의 비밀보장 제한 사항을 공개해야 한다.

B.7.d. 연구 정보의 공개

진로전문가는 사전에 고지된 동의를 얻지 않는 이상, 타당하게 연구참여자의 신원 노출이 예상되는 비밀정보를 공개하지 않는다. 훈련, 연구, 출판 목적의 전문적 관계에서 획득된 정보의 사용은 관련 개인의 익명성이 보장되도록 처리된 내용으로 한정한다.

B.7.e. 신원 공개 동의

발표나 출판 시 고객, 학생, 수련생의 신원 공개는 오직 해당 개인이 그 자료를 검토하고 그것의 발표와 출판에 동의한 경우에 한정한다.

B.8. 자문

B.8.a. 동의

자문위원으로 활동할 때, 진로전문가는 개인의 비밀보장 권리, 비밀정보를 다루는 개인의 의무, 타인에게 공유된 정보관련 비밀보장의 한계에 대해 염려하는 관련된 모든 이해당사자의 동의를 구한다.

B.8.b. 사생활 존중

자문 관계에서 얻은 정보는 오직 해당 사례에 직접적으로 관련된 당사자와 전문적인 목적을 위해 논의되어야 한다. 서면이나 구두 보고는 자문 목적에 밀접한 관련이 있을 때만 시행되며, 고객의 신원 보호와 사생활 침해 방지를 위해 모든 노력을 한다.

B.8.c. 비밀 공개

동료의 자문을 받을 때, 진로전문가는 자신이 비밀보장의 관계를 맺고 있는 해당 개인, 또는 기관으로부터 사전 동의를 받거나 공개를 피할 수 없는 상황을 제외하고서는, 고객, 다른 개인, 기관의 신원 노출의 위험성이 타당하게 예상되는 비밀정보를 공개하지 않는다. 진로전문가는 오직 자문의 목적을 달성하기 위한 상당한 필요성이 있을 때만 정보를 공개한다.

섹션 C: 전문가 책임

도입

진로전문가는 대중 또는 다른 전문가들을 대할 때 열린, 정직한, 정확한 의사소통을 한다. 이들은 전문적이고 개인적 역량의 범위 내에서 비차별적인 방식으로 업무를 수행하며 NCDA 윤리강령을 준수할 책임을 갖는다. 진로전문가는 진로서비스 분야의 발달과 향상을 조성하는 지역, 주, 국가적 단체에 적극적으로 참여한다. 진로전문가는 개인, 집단, 기관, 사회적 수준에서 다른 개인과 집단의 삶의 질을 향상시키고, 적절한 서비스 접근에 대한 잠재적인 장벽을 제거하는 방법으로 변화를 증진하도록 권장된다. 진로전문가는 대중에게 윤리적 업무 수행을 할 책임을 갖는다. 진로전문가는 대중에게 다양한 연구 방법들에 근거하여 전문적으로 업무를 수행할 책임을 갖는다. 진로전문가는 경제적 이득이 적거나 없어도 자신의 전문적 서비스 활동의 일부를 제공함으로써 사회에 공헌하도록 권장된다(공익활동). 더구나, 진로전문가는 최선의 전문적 책임을 다하기 위해 자신의 정서적, 물리적, 심리적, 영적 웰빙을 유지하고 증진하기 위해 자기 돌봄 활동을 해야 한다.

C.1. 전문 기준의 숙지 및 준수

진로전문가는 NCDA 윤리강령과 모든 적용 가능한 연방, 주, 지역, 기관 법령, 법, 규정, 절차를 읽고 이해하고, 준수할 의무를 가진다.

C.2. 전문 역량

C.2.a. 역량의 범위

진로전문가는 오직 교육, 훈련, 수련 경험, 주와 국가 전문자격증, 적절한 전문 경험에 근거한 자신의 역량의 범위 안에서 직무를 수행한다. 반면에 다문화 상담 역량은 모든 상담전문가에게 요구되며, 다문화적으로 능력을 갖춘 진로전문가에 걸맞은 지식, 개인적 인식, 감수성, 기질, 기술을 보유해야 한다.

C.2.b. 새로운 전문 실무 분야

진로전문가는 적절한 교육, 훈련, 수련을 한 후에만 자신에게 새로운 전문분야에서 직무를 수행한다. 새로운 전문분야에서 기술을 발달시키는 과정에서 진로전문가는 자신의 작업수행 역량을 확신하고 가능한 가해로부터 다른 사람을 보호하기 위한 단계를 밟는다.

C.2.c. 고용 자격 검증

진로전문가는 자신이 교육, 훈련, 수련, 주와 국가 전문자격, 적절한 전문적 경험에 의해 자격이 검증된 포지션에만 취업을 한다. 진로전문가는 해당 포지션에 대해 자격이 검증되고 능력 있는 개인만을 전문적인 포지션에 고용한다.

C.2.d. 효과성 모니터

진로전문가는 지속적으로 전문가로서의 효과성을 모니터하고, 필요할 때는 증진을 위한 단계를 밟는다. 진로전문가는 필요하다면 동료 자문을 받거나 전문가로서 자신의 효율성을 평가하기 위한 단계를 밟는다.

C.2.e. 윤리적 의무에 대한 자문

진로전문가는 그들이 자신의 윤리적 의무 또는 전문적 활동 관련하여 의문이 있을 때, 다른 전문가, NCDA 윤리위원회, 관련 실무자를 자문하기 위한 합당한 조치를 취한다.

C.2.f. 평생교육

진로전문가는 자신 활동 영역에서 최신의 과학적이고 전문적인 정보 인식 수준을 타당한 수준으로 도달하고 유지하기 위해 평생교육의 필요성을 인식한다. 전문가는 자신의 사용하는 기술의 역량을 유지하기 위한 조치를 취하고, 새로운 절차에 열려있으며, 자신이 일하는 고객 집단의 최신 트렌드를 유지한다.

C.2.g. 손상

진로전문가는 자신의 육체적, 정신적 또는 정서적 문제로부터 손상의 징후를 경계하고, 그러한 손상이 고객이나 다른 사람에게 해를 가할 수 있을 때 서비스 제안이나 제공을 삼간다. 전문가는 전문적 손상 수준에 이르기 위해 해당 문제에 대한 도움을 구하고, 필요하면 자신의 업무를 안전하게 수행하는 것이 확실해지는 시간까지 자신의 전문적 책임을 제한하고, 미루며, 종결한다. 진로전문가는 전문적 손상을 인식할 때 동료전문가나 수퍼바이져를 지원한다. 전문가는 보장될 때 손상의 징후를 보이는 동료 또는 수퍼바이져에게 자문과 조력을 제공하며, 고객에게 임박한 위해를 방지하기 위해 적절하게 개입한다.

C.2.h. 서비스 불가능, 사망, 종료

진로전문가는 자신이 서비스 불가능, 사망 또는 실무 종결 시점에 고객과 기록의 이관을 준비하고 계획하며, 신원이 확인된 동료 또는 문서관리자에게 고객과 기록의 이관을 위한 계획을 알린다.

C.3. 고객 광고 및 홍보

C.3.a. 정확한 광고

광고 또는 다른 방법으로 서비스를 대중에게 알릴 때, 진로전문가는 그릇되지 않고, 호도하지 않으며, 기만적이거나 사기적이지 않은 명확한 방식으로 자신의 자격을 명확히 알린다.

C.3.b. 추천서

추천서를 사용하는 진로전문가는 과도한 영향력에 취약할 수 있는 개인으로부터 청탁을 받지 않는다. 진로전문가는 어떤 추천서라도 그 의미하는 바를 고객과 논의하고 사용 허가를 얻는다.

C.3.c. 타인에 의한 진술

진로전문가는 자신과 자신이 제공하는 서비스에 관해 타인이 언급한 내용을 명확히 하기 위해 합리적인 노력을 기울인다.

C.3.d. 고용을 통한 채용

진로전문가는 허가 없이 자신의 직무 수행을 위해 채용이나, 고객, 수련생, 자문의뢰인 모집을 위해 자신의 고용 또는 연계 기관의 지위를 사용하지 않는다. 전문가가 개인적 직무수행을 위한 모객 행위를 허가 받는다 해도, 진로전문가는 자신 또는 고용되거나 연계 기관의 지위를 이용한 타인이 이미 제공한 무료 또는 저비용 서비스에 대해 잠재적인 고객과 수련생, 또는 자문의뢰인이 알도록 해야 한다.

C.3.e. 상품 및 훈련 광고

자신의 전문성과 관련된 상품을 개발하거나 또는 워크숍이나 훈련을 진행하는 진로전문가는 이 상품 또는 행사가 고지된 동의를 할 고객에게 정확하며 적절한 정보를 공개한다는 것을 보장해야 한다.

C.3.f. 서비스 대상자에 대한 홍보

진로전문가는 기만적이거나 상처를 입기 쉬운 개인에게 과도한 영향력을 미칠 수 있는 방식으로 자신의 상품 또는 훈련을 증진하기 위해 개인적 자문, 교육. 훈련, 또는 수퍼비젼 관계를 사용하지 않는다. 그러나 교육자는 자신이 교육적인 목적으로 저술하거나 발달시킨 교과서나 다른 도구들을 선택할 수 있다.

C.4. 전문 자격

C.4.a. 정확한 위임

진로전문가는 실제로 수료한 전문적 자격만을 주장하거나 암시하고, 수정한다. 자신의 자격에 관해 타인에 의해 알려진 어떤 오해도 정정한다. 진로전문가는 자신의 전문가 동료의 자격을 진실하게 대표한다. 진로전문가는 유료와 봉사 업무 경험을 명확하게 구분하고, 자신의 지속적인 교육과 전문분야 훈련을 정확하게 기술한다.

C.4.b. 자격 증명

진로전문가는 오직 현재 유효하며, 좋은 상태로 유지되고 있는 면허증 또는 자격증에 대해서만 언급한다.

C.4.c. 교육학 학위

진로전문가는 취득한 학위와 명예학위를 명확히 구분한다.

C.4.d. 박사급 역량 암시

진로전문가는 상담 또는 밀접한 유관 분야의 자신의 최종 학위를 명확히 언급한다. 진로전문가는 자신이 상담 및 유관 분야의 석사학위만을 소지했을 때 박사 수준의 역량을 암시하지 않는다. 진로전문가는 자신의 박사학위가 상담 또는 유관분야가 아닐 때 상담 또는 진로서비스 맥락에서 "박사" 타이틀을 사용하거나, 자신을 박사라 칭하지 않는다. 진로전문가는 학위논문 외에 ABD 또는 역량을 암시하는 다른 용어들을 사용하지 않는다.

C.4.e. 프로그램 인증 상태

진로전문가는 학위 취득 시점에서 자신의 학위 프로그램의 승인 상태를 정확히 제시한다.

C.4.f. 전문가 멤버십

진로전문가는 협회 관련하여 현재, 효력 있는 멤버십과 이전 멤버십을 명확히 구분한다. NCDA 소속 회원 지정 교육과 경험은 전문가들에게 자격을 준다.

C.5. 차별금지

진로전문가는 연령, 문화, 정신/육체적 장애, 민속성, 인종, 종교/영성, 신념, 성별, 성 정체성, 성적 취향, 결혼/파트너 상태, 선호 언어, 사회경제적 상태, 또는 업무 성과와 특히 관련이 없는 다른 특성, 또는 법에 의해 금지되는 다른 요인에 근거한 어떤 개인에 대한 차별을 용납하거나 관여하지 않는다. 진로전문가는 고객, 학생, 고용인, 수련생, 또는 연구참여자에게 부정적인 영향을 줄 수 있는 방식으로 차별하지 않는다.

C.6. 공공의 책임

C.6.a. 성희롱

진로전문가는 성추행에 관여하거나 용납하지 않는다. 성추행은 성적 착취, 신체적 압도, 또는 성적 성향의 언어적 비언어적 행동으로 정의되며, 전문적 활동 또는 역할, 아니면 둘 다와 관련하여 일어난다.

1. 반갑지 않거나, 불쾌하거나, 적대적인 일터나 학습 환경을 만들고, 진로전문가는 알거나 또는 언급했을 것이다.
2. 행동이 일어난 맥락에 있는 합리적인 사람에게 추행으로 인식될 만큼 충분히 심각하거나 강렬하다. 성추행은 단일하게 강렬한 심각한 행동 또는 지속적이거나 침습적인 행동으로 이루어질 수

있다.

C.6.b. 제3자 대상 보고서

진로전문가는 자신의 전문적 행동과 판단을 적절한 제3자, 법원, 건강 보험 회사, 평가보고서의 수령인 및 기타 인물에게 보고할 때, 정확하고 정직하며 객관적이어야 한다.

C.6.c. 미디어 발표

진로전문가가 공개 강연, 시연, 라디오 또는 TV 프로그램, 사전 녹음된 테이프, 기술 기반 적용, 인쇄된 기사, 우편배달물, 또는 다른 미디어를 수단으로 조언이나 의견을 제공할 때, 다음의 사항들을 예방하기 위한 합리적인 예방책을 수립한다.

1. 진술은 적절한 전문적 문헌과 실무를 근거로 한다.
2. 진술은 한편으로 NCDA 윤리강령과 일치한다.
3. 상기 정보 수령인은 전문적 관계가 형성되기 전에 고지된다.

C.6.d. 타인 착취

진로전문가는 자신의 전문적 관계에서 다른 사람들을 착취하지 않는다.

C.6.e. 처치 양식의 과학적 근거

진로전문가는 이론에 바탕을 둔 기술/절차/양식을 사용하고, 일반적으로 상담과 진로발달 분야에서 전문적 실무로 정립되거나 또는 경험적이거나 과학적인 근거를 고려한다. 진로전문가는 기술/절차를 입증되지 않거나, 개발 중인 것으로 정의하지 않고, 그러한 기술/절차 사용 시 잠재적인 위험과 윤리적 고려사항을 설명하고, 가능한 위험으로부터 고객을 보호하기 위한 절차를 밟는다.

C.6.f. 공익 기여(공익 활동)

진로전문가는 금전적 보상이 거의 없거나 없어도 대중에게 서비스를 제공하기 위해 다음과 같은 합리적인 노력을 기울인다(집단에게 말하기, 전문적 정보의 공유, 적은 비용 제안).

C.7. 다른 전문가에 대한 책임

C.7.a. 개인의 공적 발언

대중 맥락에서 개인적인 진술을 할 때, 진로전문가가 자신이 개인적 관점을 말하는 것이지 전체 진로전문가 또는 직업군을 대표하여 말하는 것이 아니라는 것을 분명히 한다.

C.8. 정책과 지침

C.8.a. 정책 선언문과 지침의 개발 및 유지

고지된 동의의 일환으로서, 정책 선언과 지침은 질문과 염려를 예상하고, 고객과의 지속되는 대화의 일부로 작용한다. 진로전문가는 고객에게 완전하게 고지되었고, 이해했다는 것을 보장해야 하고, 평가 기준 및 진로서비스의 제한점에 동의한다. 정책 발표와 지침은 전문적 실무 시 소셜미디어와 전자적 의사소통 사용의 통합 같은 고지된 동의, 개인정보와 비밀보장(비밀보장의 제한, 문서화, 기록 보관), 경계설정과 다중관계, 수수료 수령, 서비스 종료 등 모든 영역을 포함할 수 있으며 이것으로 제한되지 않는다. 진로전문가는 자신의 정책 선언문과 지침을 매년 검토하고 필요하면 업데이트 할 것이 기대된다.

섹션 D: 다른 전문가와의 관계

도입

진로전문가는 동료와의 상호작용의 질이 고객에게 제공하는 서비스 질에 영향을 미친다. 그들은 직업군 내외 동료에 대해 알아가기 위해 일한다. 진로전문가는 긍정적인 작업 관계와 동료와의 의사소통 시스템을 발전시킨다. 진로전문가는 개인, 집단, 기관에 코칭 또는 자문을 제공한다. 진로전문가가 그러한 서비스를 수행한다면, 자신의 전문적 역량과 자격의 범위 내에서만 서비스를 제공한다.

D.1. 동료, 고용주, 고용인과의 관계

D.1.a. 다른 접근 방식

진로전문가는 자신과 다른 진로서비스 접근법을 존중한다. 진로전문가는 함께 일하는 다른 전문가 집단의 전통과 직무수행을 존중한다.

D.1.b. 관계 형성

진로전문가는 최상의 고객 서비스 제공을 위해 다른 분야 동료와 학제간 관계를 개발하고 강화하려는 노력을 한다.

D.1.c. 학제간 팀워크

고객에게 다면적인 서비스를 제공하는 학제간 팀의 일원인 진로전문가는 고객에게 최상의 서비스를 제공하는 방법에 중점을 둔다. 전문가는 관점, 가치, 전문적 경험과 다른 분야의 전문가로부터 끌어옴으로서 고객의 웰빙에 영향을 미치는 결정에 참여하고 기여한다.

D.1.d. 비밀보장

진로전문가가 심의나 행정 절차 시 하나 이상 역할을 수행하는 과

정에서 관련 법, 기관 법령, 또는 특별한 상황이 요구가 있을 때, 그들
은 동료들과 기대 역할과 비밀보장의 평가기준을 명확히 한다.

D.1.e. 전문적이고 윤리적 의무 확립

학제간 팀의 멤버인 진로전문가는 전체로서의 팀과 회원 개인의 전
문적이고 윤리적인 의무를 명확히 한다. 팀 결정이 윤리적 우려를 높일
때, 진로전문가는 첫 번째로 팀 내에서 우려를 해결하려는 시도를 한다.
전문가들이 팀원 간에 해결책을 찾지 못했을 때, 진로전문가는 고객의
웰빙과 일치하는 자신의 염려를 다룰 수 있는 다른 방안을 추구한다.

D.1.f. 인사 선발 및 배정

진로전문가는 유능한 직원을 선발하고, 지식, 기술, 경험에 일치하
는 책임을 분배한다.

D.1.g. 고용주 정책

대행기관 또는 기관고용의 수락은 진로전문가가 일반적 정책과 원
칙에 동의한다는 것을 암시한다. 진로전문가는 고객의 성장과 발달에
기여하는 기관 법령의 변화를 허용하며, 수용 가능한 행동 기준에 근거
해 고용주와 합의에 도달하기 위해 노력한다.

D.1.h. 부정적 조건

진로전문가는 고용주에게 부적절한 정책과 관행을 경고한다. 전문
가는 기관 내에서의 건설적인 행동을 통해 그러한 정책 또는 절차에 변
화에 영향을 미치려 시도한다. 그러한 정책이 잠재적으로 고객에게 파
괴적이거나 해를 입히거나, 또는 제공된 서비스의 효율성을 제한한다
면, 그리고, 변화가 받아들여지지 않는다면, 진로전문가는 적절한 추가
조치를 취해야 한다. 그러한 조치가 적절한 승인, 심의 또는 주립 면허
기관으로 이관하거나 아니면 고용계약을 종료한다.

D.1.i. 징벌적 조치로부터의 보호

진로전문가는 부적절한 고용 정책 또는 실무에 노출되어 책임 있고 윤리적인 방식으로 행동한 직원을 괴롭히거나 해임되지 않도록 주의한다.

D.2. 코칭 & 자문

D.2.a. 코칭 & 자문 역량

진로전문가는 코칭과 자문서비스를 제공할 때 자신이 적절한 자원과 역량을 가지고 있음을 보장하기 위한 합리적인 조치를 취한다. 진로전문가는 요청되거나 필요할 때 합리적인 리퍼 자원을 제공한다.

D.2.b. 자문의뢰인 이해

코칭 또는 상담을 제공할 때, 진로전문가는 규정된 문제의 명확한 이해, 변화 목표, 선택된 개입의 예상 결과에 대해 자신의 자문의뢰인을 발달시키기 위해 노력한다.

D.2.c. 코치/자문의 목표

코칭/자문 관계는 자문 수여자가 자기–방향성에 대한 적응과 성장이 지속적으로 촉진되고 경작되는 것 하나이다.

D.2.d. 코칭과 자문 시 고지된 동의

자문을 제공할 때, 진로전문가는 서면과 구두로 진로전문가와 자문의뢰인의 권리와 책임을 검토할 의무를 갖는다. 진로전문가는 관련된 모든 이해당사자들에게 제공된 서비스의 목적, 관련 비용, 잠재적 위기 및 이득, 비밀보장의 제한을 고지할 때 명확하고 이해가능한 언어를 사용한다. 자문 의뢰인과의 작업 시, 진로전문가는 문제, 변화의 목표, 자문의뢰인의 요구에 문화적으로 반응적이고, 적절한 개입의 예상 결과의 명확한 정의를 발달시키기 위해 시도한다.

섹션 E: 평가, 사정, 해석

도입

진로전문가는 고객의 개인적·문화적 맥락을 고려하여 평가도구를 진로서비스 과정의 한 구성요인으로 사용한다. 진로전문가는 적절한 진로, 교육적, 심리학적 사정 도구를 개발하고 사용함으로써 개인 또는 집단 고객의 웰빙을 증진한다.

E.1. 일반

E.1.a. 사정

교육적, 심리학적, 진로 사정의 주요 목적은 상대적이거나 절대적 용어로 타당하고 신뢰성 있는 측정값을 제공하는 것이다. 이것은 능력, 성격, 흥미, 지능, 성취도, 기술, 가치, 수행 등을 포함하는데, 여기에 국한되지는 않는다. 진로전문가는 질적과 양적 사정을 진행하면서 이 단원의 언급 내용을 해석할 요구를 인식한다.

E.1.b. 고객 복지

진로전문가는 사정 결과와 해석을 오용하지 않고, 다른 사람들이 이러한 도구들에서 얻은 정보를 오용하지 않도록 막는 합당한 조치를 취한다. 전문가는 결과, 해석, 진로전문가의 결론과 추천에 대한 근거를 알려는 고객의 권리를 존중한다.

E.2. 사정 도구의 사용과 해석 역량

E.2.a. 역량의 한계

진로전문가는 오직 자신이 훈련받고, 진행과 해석에 역량이 있는 평가와 사정 서비스만을 활용한다. 기술기반 테스트 해석을 활용하는 진로전문가는 기술-기반 적용이 이루어지기 전에 측정되는 그 구조와 사용되는 특정 도구를 가지고 훈련받는다. 진로전문가는 수련 감독하에 있는 사람에게서 심리학적 진로 사정 기술의 적절한 활용을 제대로 하여 합당한 측정을 한다.

E.2.b. 적절한 사용

진로전문가는 그런 사정 도구를 자신이 채점하고 해석하든지 아니면 기술이나 다른 서비스를 활용하든지 간에, 적절한 적용, 채점, 해석, 고객의 요구와 관련 있는 사정 도구 활용에 책임을 진다.

E.2.c. 결과에 근거한 결정

진로전문가는 타당도 기준, 사정 연구, 사정도구의 개발과 활용 지침을 포함한 교육적, 심리학적 그리고 진로측정을 포함하는 심리측정의 총체적인 이해를 가진 사정 결과에 근거한 개인 또는 정책 관련 결정에 책임이 있다.

E.3. 사정 시 고지된 동의

E.3.a. 고객 설명

사정에 앞서, 진로전문가는 평가의 성격과 목적 그리고 잠재적 수혜자에 의한 결과의 구체적인 사용을 고객에게 설명한다. 분명한 예외가 사전에 동의되지 않는 이상, 설명은 고객의 언어로 한다(또는 고객을 대표하는 다른 법적으로 공인된 사람). 진로전문가는 고객의 개인적 또는 문화적 맥락, 결과의 고객 이해수준, 결과가 고객에 미치는 영향을 고려한다.

E.3.b. 결과 수신자

진로전문가는 피검자의 복지, 분명한 이해, 사정 결과를 받을 사람의 결정 관련 사전 동의를 고려한다. 진로전문가는 개인 또는 집단 사정 결과의 반출 시 분명하고 적절한 번역을 한다.

E.4. 공인전문가에게 자격의 방출

진로전문가는 고객이 식별한 대상에게 고객 또는 고객의 법적 대리인의 동의가 있을 때에만 사정 데이터를 공개한다. 상기 정보는 진로전문가가 데이터를 분석하기에 자격이 있다고 인식한 개인에게만 방출된다.

E.5. 진단 및 권장 사항

E.5.a. 적절한 진단 및 권장 사항

진로전문가는 적절한 진단과 조언을 제공할 때 특별한 주의를 기울이며, 진단을 내리는 것이 적절하고 적절히 훈련을 받았을 때만 수행한다. 고객 돌봄(처치 장소, 처치/서비스의 유형, 추천된 후속작업)을 결정하기 위해 활용된 사정 기술(개인 인터뷰를 포함)은 주의 깊게 선택되고 적절하게 사용된다.

E.5.b. 문화적 감수성

진로전문가는 문화가 고객의 이슈를 정의하는 방식에 영향을 미친다는 것을 인식한다. 고객의 사회경제적, 문화적 경험을 진단을 내릴 때 고려한다.

E.5.c. 진단 시 역사적, 사회적 편견

진로전문가는 진단오류와 특정 개인과 집단을 병리화할 때 역사적, 사회적 편견을 인정하고, 이러한 편견의 영구적 영향을 피하기 위해 적절한 진단, 조언, 서비스 제공을 통해 진로전문가가 할 수 있는 역할을 한다.

E.5.d. 진단 자제

진로전문가는 고객 또는 타인에게 해가 된다고 믿는다면 진단과 조언을 내리는 것과 이의 보고를 자제할 수 있다. 진로전문가는 진단/조언의 긍정적이고 부정적인 암시를 모두 주의 깊게 고려한다.

E.6. 도구 선택

E.6.a. 도구의 적합성

진로전문가는 도구를 선택할 때 그 타당도와 신뢰도, 심리학적 제한, 도구의 적합성을 신중히 고려하고, 결론, 진단, 또는 추천을 할 때 가능하면 다양한 형태의 사정, 데이터, 도구를 사용한다.

E.6.b. 리퍼 정보

고객이 평가를 위해 제3자에게 리퍼되는 경우, 진로전문가는 적절한 사정도구가 활용될 수 있도록 특정한 리퍼용 질문과 고객에 대한 충분히 객관적인 데이터를 제공한다.

E.7. 사정 운영의 상태

E.7.a. 운영 상태

진로전문가는 자신이 설정한 표준과 동일한 조건하에서 사정을 관리한다. 사정이 기준에 부합하지 않는 상태에서 이루어질 경우, 예를 들어 장애 고객을 수용할 필요가 있거나, 사정 진행 중에 일반적이지 않은 행동 또는 불규칙성이 발생했을 때, 그러한 상황은 해석 시 고려되어야 하며, 결과는 타당하지 않거나, 의문의 여지가 있는 타당도를 가진 것으로 지정된다.

E.7.b. 기술적 운영

진로전문가는 운영 프로그램이 적절하게 기능하는지를 확인하고 고객에게 정확한 결과를 전달한다.

E.7.c. 감독되지 않은 사정

평가도구가 자가-수행과 채점을 위해 설계되고, 의도되고, 타당화되지 않는 한, 진로전문가는 부적절하게 감독된 어떤 사정의 활용도 허용하지 않는다.

E.7.d. 호의적 상태 제공

진로전문가는 사정의 진행에 적절한 환경을 제공한다(개인정보가 보호되고, 편안하고, 방해가 없는 환경 등).

E.8. 사정 시 다문화/다양성 이슈

진로전문가는 고객이 속하지 않는 다른 인구집단에서 기준이 설정된 사정 기술을 주의 깊게 사용한다. 진로전문가는 테스트 진행과 해석 시 연령, 피부색, 문화, 장애, 원주민 집단, 성별, 인종, 선호 언어, 종교, 영성, 성적 취향, 사회경제적 지위의 가능한 영향력을 인식하고, 테스트 결과를 다른 관련 요인들과 적절한 관점에 둔다. 진로전문가는 문화적으로 다양한 집단 대상 사정을 선택할 때, 해당 고객 인구집단 대상의 적절한 심리학적 자원이 결핍된 도구의 사용을 피하기 위해 주의한다.

E.9. 사정의 채점 및 해석

E.9.a. 보고

진로전문가가 사정 결과를 보고할 때, 고객의 개인적 문화적 배경, 고객의 결과 이해 수준과 결과가 고객에 미치는 영향을 고려한다. 사정 결과 보고 시, 진로전문가는 사정의 상황 또는 피검자 대상 기준의 부적절성 때문에 타당도와 신뢰도 관해 존재하는 의구심을 지적한다.

E.9.b. 연구 도구

진로전문가는 반응 결과를 지지하기에 충분한 기술적 데이터를 갖지 않은 연구 도구 결과를 해석할 때 주의를 기울이는 연습을 한다. 그러한 도구 사용의 특별한 목적은 피검자에게 명확하게 언급된다. 진로전문가는 의문점이 있는 타당도와 신뢰도를 가진 사정 또는 도구에 근거한 모든 결론, 진단, 또는 추천을 검증한다.

E.9.c. 사정 서비스

사전 과정을 조력하기 위해 사정 채점과 해석서비스를 제공하는 진로전문가는 해석의 타당성을 증명한다. 그들은 이해하고 명확하게 목적, 기준, 타당도, 신뢰도 및 절차의 적용, 해당 도구의 사용을 가능하게 하는 특별한 자격을 설명한다. 자동화된 검사 해석 서비스의 대중적 공개는 전문가 대 전문가 자문으로 간주된다. 진로전문가의 공적 책임은 사정을 요청한 개인/기관에 해당하나, 궁극적이고 최우선시 되는 책임은 고객이다.

E.10. 사정 보안

진로전문가는 법적 계약적 의무를 충족하는 검사와 다른 사정 기술의 무결성과 보안을 유지한다. 진로전문가는 출판된 사정 또는 그 일부를 출판자의 인지와 허가 없이 도용하거나, 재생산하거나, 또는 변경하지 않는다.

E.11. 구식 사정과 오래된 결과

진로전문가는 현재의 목적에서 구식이거나 오래된 사정에서 유래된 데이터나 결과를 사용하지 않는다. 진로전문가는 다른 사람 유래의 구식 평가기준과 사정 데이터의 오용을 막기 위한 모든 노력을 한다.

E.12. 사정 구성

진로전문가는 교육적이고 심리학적인 사정 기술의 개발, 출판 및 활용 시 사정 디자인을 위해 확정된 과학적 과정, 관련 기준과 현재 전문적 지식을 사용한다.

E.13. 법의학적 평가: 법적 과정의 평가

E.13.a. 1차 의무

법의학적 평가를 제공할 때, 진로전문가의 1차적 의무는 개인의 평가와 기록의 검토를 포함하여, 평가에 적합한 정보와 기술에 근거하여 입증될 수 있는 객관적 발견을 제공하는 것이다. 진로전문가는 평가를 통해 수집된 데이터에 의해 지지되는 자신의 전문적 지식과 기술에 근거한 전문적 의견을 구성한다. 진로전문가는 특히, 개별적 평가가 수행되지 않았을 때, 자신의 리포트나 증언의 한계를 규정한다.

E.13.b. 평가 동의

평가를 받는 개인은 해당 관계가 진로서비스가 아닌 평가를 목적으로 한다는 것을 서면으로 고지를 받는다. 평가보고서를 받을 독립체 또는 개인은 확인되어야 한다. 피검자의 서면 동의서 없이 검사를 시행하라는 법원의 명령을 제외하고는 평가 수행을 위한 서면 동의서는 피검자에게 받아야 한다. 아동이나 취약한 성인이 검사를 받을 때는 서면 고지된 동의서는 부모 또는 보호자로부터 받는다.

E.13.c. 금지된 고객 평가

진로전문가는 법의학적 목적을 위해 현재 또는 이전 고객, 고객의 로맨틱 파트너 또는 고객의 가족구성원을 평가하지 않는다. 진로전문가는 그들이 평가하고 있는 개인을 상담하지 않는다.

E.13.d. 잠재적으로 유해한 관계 회피

법의학적 평가를 제공하는 진로전문가는 잠재적으로 해로울 수 있는 그들이 평가하고 있거나, 과거에 평가했던 개인의 가족구성원, 로맨틱 파트너, 개인적으로 가까운 친구와의 전문적 또는 개인적 관계를 피한다.

섹션 F: 온라인, 기술, 소셜미디어를 통한 진로서비스 제공

도입

진로전문가는 기술과 소셜미디어를 활용하는 진로서비스의 온라인 제공 및 그러한 자원들이 고객에게 보다 나은 서비스를 제공하는 데 어떻게 사용될 수 있는지와 관련하여 전문성의 진화하는 속성을 적극적으로 이해하려고 노력한다. 진로전문가는 이러한 자원들에 대한 지식을 얻고, 필요한 기술적이고 전문적 역량을 발달시키기 위해서는 주기적인 훈련이 필요하다는 것을 인식하기 위해 치열하게 노력한다. 진로전문가는 온라인, 기술, 소셜미디어를 사용한 진로서비스의 제공에 대한 추가적인 염려를 이해하고, 비밀과 데이터를 보안하고, 고객에 대한 투명하고 공정한 처치를 보장하며, 상기 자원 활용 시 모든 법적 윤리적 요건을 충족하기 위한 모든 노력을 기울인다.

F.1. 지식과 법적 고려사항

F.1.a. 지식과 역량

온라인과 기술 및 소셜미디어를 사용한 진로서비스를 제공하는 진로전문가는 연관된 기술적, 윤리적, 법적 고려사항에 대한 지식과 기술을 습득해야 한다. 진로전문가는 모든 기술 또는 선택된 소셜미디어 플랫폼의 서비스 용어를 이해하고 준수한다.

F.1.b. 법과 법령

온라인과 기술 및 소셜미디어를 사용한 진로서비스를 제공하는 진로전문가는 자신의 전문적 실무 수행 지역과 고객의 거주 지역/근무지 양쪽 법과 규정의 제한을 받는다는 것을 이해한다. 진로전문가는 고객 대상의 기술 서비스의 사용이 모든 적용 가능한 연방, 주, 지역, 기관 법령, 법, 규정, 절차에 합당하다는 것을 보장하며, 특히, 서비스가 주경계선과 국경선을 넘는 기술을 통해 제공될 때 주의한다.

F.1.c. 외부 지원

필수적이고 적절할 때, 진로전문가는 기술적 애플리케이션, 특히, 그러한 애플리케이션이 주 경계선과 국경을 넘나들 때 사업적, 법적, 기술적 조력을 구한다.

F.2. 고지된 동의와 보안

F.2.a. 고지된 동의와 공개

고객은 진로 발달 과정에서 온라인 진로서비스에 접근할지 또는 기술 및 소셜미디어에 접속할지 여부를 선택할 수 있는 자유를 갖는다. 진로전문가와 고객 사이의 면대면 진로서비스를 위한 고지된 동의의 통상적이고 관습적인 절차에 더해, 온라인 진로서비스의 활용, 기술과 소셜미디어의 활용에 특별한 다음의 이슈는 고지된 동의 과정에서 다루어져야 한다.

- 전문 자격증, 직무 수행의 물리적 위치, 연락처 정보
- 온라인, 기술 및 소셜미디어 진로서비스 활용 시 위험과 이점
- 기술 장애 가능성 및 서비스 제공의 대안
- 예상 응답 시간

- 진로전문가 부재 시 준수할 응급 절차
- 서비스 제공에 영향을 미칠 수 있는 시간대 차이, 지역 관습, 문화와 언어 차이
- 주 경계와 국경선을 넘어 전문가의 직무 수행을 통제하는 적용가능하고 지속적인 법적 권리와 제한
- 소셜미디어 정책

F.2.b. 비밀보장과 제한

진로전문가는 기술을 사용할 때 비밀보장의 내재적 한계에 대해 고객에게 알리고, 전자 기록과 전송의 비밀보장 유지의 한계를 인정한다. 가능하다면 진로전문가는 고객에게 상기 기록 또는 전송에 접근가능한 모든 사람을 고객에게 알린다. 진로전문가는 전문적 관계 과정에서 미디어를 사용하여 공개된 정보에 접근권을 부여한 모든 사람을 고객이 알 것을 촉구한다.

F.2.c. 보안

진로전문가는 모든 전자 매체를 통해 전송된 정보의 비밀 보장을 위해 법적 요건을 적절히 충족하는 해당 웹사이트 또는 기술−기반의 의사소통 시 최신 암호화 기준 사용을 포함한 합리적인 예방 조치를 취한다.

F.3. 고객 검증

고객과의 상호작용을 위해 온라인과 기술 및 소셜미디어를 사용하여 진로서비스를 제공하는 진로전문가는 작업 관계의 시작과 전반에 걸쳐서 고객의 신원을 확인하는 절차를 밟는다. 검증은 암호 단어, 숫자, 그래픽, 다른 비기술적 식별자를 사용하는 것이 포함될 수 있으며, 이것에 국한되지 않는다.

F.4. 진로서비스 온라인 제공

F.4.a. 장점과 한계

진로전문가는 진로서비스 제공 시 고객에게 기술 애플리케이션을 사용하는 것의 장점과 한계에 대해 고객에게 고지한다. 상기 기술에는 컴퓨터 하드웨어, 소프트웨어, 전화, 애플리케이션, 소셜미디어, 인터넷 기반 애플리케이션, 다른 오디오 비디오 의사소통, 데이터 저장 기기 또는 미디어 등이 포함된다.

F.4.b. 진로서비스 온라인 제공 시 전문적 경계

진로전문가는 자신의 고객과 전문적 관계 유지의 필요성을 이해한다. 진로전문가는 기술의 적합한 사용과 적용, 그것의 사용의 한계점에 관하여 고객과 전문적 경계를 의논하고 확립한다(비밀보장 결핍, 활용에 부적합한 시간). 기술-기반의 진로서비스는 진로전문가 또는 고객에 의해 부적절하다고 여겨질 때, 진로전문가는 면대면 서비스를 포함한 적절한 대안을 제시한다. 진로전문가가 면대면 서비스를 제공하기 불가능할 때(다른 주에 거주 등), 진로전문가는 적합한 서비스를 찾을 때 고객을 조력한다.

F.4.c. 기술-조력 서비스

기술-조력 서비스를 제공할 때, 진로전문가는 고객이 해당 애플리케이션을 완전히 사용가능한지, 해당 애플리케이션이 고객의 요구에 적합한지를 판단하기 위한 타당한 노력을 한다. 진로전문가는 고객이 기술 애플리케이션의 목적과 작동법을 이해하는지 검증하고, 고객이 발생할 수 있는 모든 이슈를 다룰 수 있는지를 후속점검한다.

F.4.d. 접근

진로전문가는 기술-조력 서비스를 제공할 때 적절한 애플리케이션에 합당한 접근에 대한 정보를 고객에게 제공한다. 이 접근은 지역사회 내 기술 자원 및 인터넷에 대한 무료 또는 저비용 공공 접속 지점을 아는 것, 그래서 재정적 부족이 진로서비스, 정보, 사정, 지침에 접근하는 고객에게 심각한 장벽을 만들지 않도록 하는 것을 포함한다. 만약 진로전문가가 기술 자원에 대한 접근을 제공하기 불가능하다면, 서비스 제공을 위한 대안을 제공한다.

F.4.e. 전자미디어에서 의사소통 차이

진로전문가는 면대면 서비스와 비구두와 구두적 단서를 포함하는 전자 의사소통 사이의 차이점, 이러한 차이점이 진로 발달 과정에 어떻게 영향을 미치는지를 고려한다. 진로전문가는 전자적으로 의사소통할 때, 시각적 단서와 목소리 억양 결핍에서 야기되는 잠재적인 오해를 어떻게 방지하고 다룰 것인지 고객을 교육한다.

F.4.g. 전자미디어를 통한 사정의 활용

전자미디어를 통해 수행된 사정을 활용할 때, 진로전문가는 본 윤리강령 E에 전반적으로 제시된 것처럼, 고객 사정과 관련된 다른 윤리적 직무 수행 기준을 인지하고 준수할 책임이 있다. 게다가, 가능하다면 진로전문가는 다음을 준수해야 한다.

• 해당 사정이 온라인 방법에 대해 검증되었는지, 그 사정의 심리학적 특성이 프린트 형식의 내용과 동일한지를 판단한다. 그렇지 않으면 고객은 그 사정이 이 방법의 모드용으로 아직 시험되지 않았다는 것이 반드시 고지되어야 한다.

• 해당 사정이 자기-도움적 사용을 위해 타당화되었는지, 또는 해당 자원이 자기-도움적 사용을 위해 타당화되지 않았다면 적절한 개입이 이 사정의 종결 전과 후에 제공되었는지를 판단한다.

• 고객 결과의 비밀보장을 수호하기 위한 모든 노력을 한다.

• 고객이 사정 결과를 이해하지 못한다는 증거가 있다면, 고객을 같은 지리적 지역에 있는 검증된 진로전문가에게 리퍼한다.

F.5 기록

진로전문가는 관련 있는 법과 법령, 본 윤리강령의 다른 측면에 합당하게 전자문서와 기록을 만들고 유지한다. 진로전문가는 어떻게 기록을 전자적으로 보존될 것인지를 고객에게 고지한다. 이것은 기록에 부여된 암호와 보안의 유형, 상호작용 기록이 서고에 얼마동안 보관될 것인지 등을 포함한다.

F.6 웹 관리 및 기술 개발

F.6.a. 웹사이트 및 기술 자원 관리

웹사이트 또는 다른 기술 자원을 관리하는 진로전문가는 다음을 수행한다.

- 정기적으로 전자 링크가 작동하는지, 전문적으로 적합한지를 점검한다.
- 소비자 권리를 보호하고 윤리적 염려를 용이하게 다루기 위해 관련 면허와 전문 자격 위원회에 대한 전자 링크를 제공한다.
- 고객이 웹사이트와 다른 기술적 애플리케이션에서 발견한 정보의 타당성과 신뢰성을 판단하는 것을 조력한다.
- 웹사이트에 다른 웹사이트에 대한 링크가 포함되어 있는 경우, 해당 링크를 만든 진로전문가에게 연결된 사이트가 모든 적용 가능한 윤리적 기준을 준수하는 서비스를 하는지 보장할 책임이 있다. 이것이 가능하지 않다면, 진로전문가는 연결된 사이트가 모든 적용 가능한 윤리적 기준을 충족하지 않을 수 있으며, 알고 있다면, 어떤 기준을 해당 사이트가 충족하지 못하는지를 설명하는 부인성명을 게재해야 한다.

F.6.b. 다문화 및 장애인 고려

웹사이트와 다른 기술 자원을 관리하는 진로전문가는 가능할 때 장애인에게 접근용이성을 제공하거나, 내용에 쉽게 접근하게 돕는 보조 도구를 고지한다. 전문가는 다른 기본 언어를 사용하는 고객에게 가능할 때 번역 활용가능성을 제공한다. 진로전문가는 해당 번역과 접근가능성의 불완전한 특성을 인식한다.

F.6.c. 개발자 또는 공급자 자격

진로 계획과 잡서칭에서 고객을 조력하기 위해 설계된 웹사이트와 다른 서비스는 진로전문가가 제공한 내용을 가지고 개발되어야 한다. 해당 서비스는 개발자의 자격과 증명서를 명확히 언급해야 한다.

F.6.d. 채용 공지, 검색 웹사이트 또는 데이터베이스 관리

모든 채용 공고는 관련 검색이 지원할 기회로 이어지도록 유효 기간을 제시해야 한다. 원서 접수 마감일이 지났거나, 해당 포지션 채용이 끝난 직후에 해당 공지는 데이터베이스에서 삭제할 것이 권장된다. 개인에게서 얻은 성명, 주소, 이력서, 다른 정보는 채용 공지 관련 이상의 정보 제공 외 다른 어떤 목적으로도 이용돼서는 안 된다.

F.7 소셜미디어

F.7.a. 가상 전문가 존재의 개발과 관리

가상 전문가 존재를 만들 때, 진로전문가는 사용가능한 소셜미디어 도구를 사용하는 목표와 목적에 대해 주의 깊게 성찰한다. 전문적 가상 존재를 관리하는 진로전문가는 고객과의 상호작용 또는 의사소통 시 부정적인 영향을 줄 수 있는 공백의 증가를 막기 위한 지속적인 존재를 보장하기 위해 필요한 시간과 노력을 들인다.

F.7.b. 전문가 존재와 개인 존재의 분리

진로전문가가 소셜미디어상에서 전문가와 개인적 존재를 관리할 때, 분리된 전문가와 개인적 웹페이지 및 프로파일이 두 유형의 가상 존재가 명확하게 구분되도록 개발한다.

F.7.c. 전문가 역할과 전문지식의 구분

소셜미디어를 사용할 때, 진로전문가는 자신의 이름, 훈련, 전문지식, 소속 기관과 고용주를 분명히 밝힌다. 진로전문가는 자신의 전문적 역량과 자격의 범위 내에 있는 정보만을 게시하고 의문점을 다룬다.

F.7.d. 가상공간에서 비밀보장 관리

진로전문가는 개인정보 보장, 비밀유지, 고객, 동료, 기관과 다른 이들의 평판을 보호하기 위해 현명하게 행동한다. 적용 가능한 연방 지침(HIPAA, FERPA 등)은 비밀보장과 적절한 정보 보호를 위한 지도를 제공한다. 진로전문가는 해당 개인의 허가 없이 오프라인에 있는 누군가에 의해 사용될 수 있는 신원이 식별 가능한 이미지나 전화번호나 주소 같은 개인정보 게시를 피해야 한다. 어떤 상황에서도, 사회보장번호, 재정 정보, 신용카드 또는 결재 정보, 상담 또는 건강 기록, 비공개 협약된 정보 등의 보호되어야 하고, 매우 민감한 정보는 소셜미디어 플랫폼을 통해서 공유되어야 한다.

F.7.e 가상 고객의 개인정보 보장

진로전문가는 소셜미디어 가상 고객의 개인정보를 존중하고, 관련 정보 열람 동의를 받지 않는 한 가상 고객을 검색하지 않는다.

F.7.f. 고지된 동의의 일부로서의 소셜미디어

고지된 동의 절차의 일부로써, 진로전문가는 고객에게 소셜미디어 사용의 장점, 제한점, 경계를 명확하게 설명한다.

F.7.g. 소셜미디어 정책 & 공정하고 공평한 대우

진로전문가는 모든 고객에게 공정하고 공평한 대우를 제공하는 소셜미디어 전략과 지침을 개발한다. 접근이 어렵거나 기술적 지식이 제한된 고객을 위한 공정하고 공평한 처우는 대안적인 서비스 제공 방법을 활용하는 것을 의미한다. 더구나, 공정하고 공평한 대우는 모든 고객에게 지속적으로 적용되며, 명확하게 의사소통할 수 있는 소셜미디어를 활용한 접근방법을 개발하는 것을 의미한다. 예를 들어, 몇몇 기관은 모든 현 고객과 연결하지 않는 정책을 선택할 수 있고, 반면 다른 기관은 고객이 요청하고 소셜미디어의 고지된 동의에 합의했을 때만 진로전문가가 자신의 고객과 연결하는 것을 허가한다. 여전히 또 다른 기관은 모든 고객이 진로전문가의 개인적 소셜미디어 계정에 접속하는 것보다 기관 페이지에 접속하는 것에 보다 긍정적이다. 기관에 소속된 진로전문가는 소셜미디어 직무수행을 투명하고, 지속적이며, 고객이 쉽게 이해할 수 있는 접근도구로 개발하고 명확하게 의사소통한다.

F.7.h. 정보의 영속성, 정확성, 목표 대상

진로전문가는 소셜미디어상에 게시된 정보가 대개 영구적이며 어떤 특정 사이트의 사생활 보호 장치를 넘어 쉽게 공유되는 것을 인지한다. 포스팅은 대중을 배려해야 하고 적절해야 한다. 포스팅은 공유된 정보의 정확성을 확보하기 위해 정기적으로 점검되어야 한다.

F.7.i. 저작권 및 원자료의 존중

진로전문가가 정보, 사진, 비디오 등을 포스팅 할 때는 저작권, 상표 및 법을 준수해야 한다. 타인의 내용을 포스팅할 때, 가능하면 원본자료의 링크와 함께 자료 원천은 명확히 제시한다.

F.7.j. 진로발달분야에서 소셜미디어 역할의 고객 교육

진로전문가는 진로발달분야에서 소셜미디어 플랫폼의 역할과 잡서치 과정과 관련하여 고객을 교육한다. 이것은 소셜미디어 사용이 고객과 진로전문가 간의 전문적 관계상에 미칠 수 있는 잠재적 영향 관련 지식과 진로탐색, 잡서치, 진로관리 과정에서 소셜미디어 사용의 이득과 위험에 대한 이해 증진 모두를 포함한다.

섹션 G: 수퍼비젼, 훈련, 교수

도입

진로전문가는 의미 있고 존중하는 전문적 관계를 발전시키고 수련생 및 학생과 적절한 경계를 유지한다. 진로전문가는 작업 시 이론적 성인교육 관련 기본을 가지며, 다른 진로전문가, 학생, 수련생 사정 시 공정하고 정확하며 정직할 목표를 갖는다.

G.1 고객복지

G.1.a. 고객복지

수퍼바이져와 교육자의 주요 의무는 자신의 책임이 있는 다른 진로전문가 또는 학생이 제공한 서비스를 모니터하는 것이다. 수퍼바이져와 교육자는 또한 고객복지와 수련생/학생 복지와 전문적 발달을 모니터 해야 한다. 이러한 의무를 다하기 위해서 수퍼바이져와 교육자는 수퍼바이져/학생을 정기적으로 만난다. 수퍼바이져와 학생은 NCDA 윤리강령을 이해하고 준수할 책임을 갖는다.

G.1.b. 자격 증명

수퍼바이져와 교육자는 수련생/학생의 고객에게 서비스를 제공하는 자격과 관련하여 분명하게 의사소통한다.

G.1.c. 사전동의 및 고객 권리

수퍼바이져와 교육자는 수련생/학생이 전문적 관계에서 고객 개인 정보 보호와 비밀보장을 포함하는 고객 권리에 대해 인지하도록 해야 한다. 수련생/학생은 고객에게 정보의 전문적 공개를 제공하고, 고객에게 수퍼비젼 과정이 어떻게 비밀보장의 한계에 영향을 주는지를 고지한다. 수련생/학생은 고객이 누가 자신의 전문적 관계 기록에 접근 권한을 갖고 있는지, 어떻게 이 기록이 사용될 수 있는지 인지하도록 한다.

G.2. 수퍼바이져 역량

G.2.a. 수퍼바이져 준비

수퍼비젼을 제공하기 전, 진로전문가는 수퍼비젼 방법과 기술이 훈련되어 있어야 한다. 수퍼비젼 서비스를 제공하는 진로전문가는 진로서비스와 수퍼비젼 주제와 스킬을 포함하는 지속적 교육 활동을 정기적으로 추구한다.

G.2.b. 수퍼비젼 시 다문화 이슈/다양성

수퍼바이져는 감독적 관계에서 다문화/다양성 역할을 인지하고 다룬다.

G.2.c. 온라인 수퍼비젼

수퍼비젼 시 기술을 사용할 때, 수퍼바이져는 해당 기술의 사용에 유능해야 한다. 수퍼바이져는 어떤 전자 매체를 통해 전송된 모든 정보의 비밀보장을 보호하기 위한 필요한 예방조치를 취한다.

G.3. 다중관계

G.3.a. 관계 경계

수퍼바이져와 교육자는 자신의 수련생/학생과의 윤리적, 전문적, 개인적, 사회적 관계를 명확하게 규정하고 유지하고, 현재 수련생/학생과 비전문적 관계를 피하거나 최소화한다. 수퍼바이져와 교육자는 수련생/교육자와 자신의 다른 전문적 역할을 가정해야만 하고(임상적, 행정적 수퍼바이져 또는 교수자 등), 잠재적인 이해상충을 최소화하기 위해 작업하고, 각 역할과 관련된 자신의 기대와 책임을 수련생/학생에게 설명한다. 전문가는 수련생/학생에게 잠재적 해의 위험이 있거나 감독/훈련 관계, 경험, 또는 학점 부과를 타협할 수 있는 어떤 형태의 비전문적 관계에 연관되지 않는다.

G.3.b. 성관계
현재 학생 또는 수련생과의 어떠한 형태의 성적 로맨틱 상호작용 또는 관계는 금지된다.

G.3.c. 추행
수퍼바이져와 교육자는 학생 또는 수련생이 성적 또는 다른 추행을 용인하거나, 당하게 하지 않는다.

G.3.d. 가까운 친척과 친구
수퍼바이져와 교육자는 가까운 친척, 로맨틱 파트너, 친구를 학생/수련생으로 받아들이는 것을 피하며, 객관성 유지가 어려운 개인과 감독 또는 훈련 관계를 맺는 것이 금지된다.

G.3.e. 잠재적 유익 관계
수퍼바이져와 교육자는 수련생/학생과의 관계에서 힘의 차이를 인식한다. 만약 전문가가 수련생/학생과의 비전문적 관계가 그들에게 잠재적 이익이 있다고 믿는다면, 고객과 작업 시 진로전문가들이 취했던 조치와 유사한 예방조치를 취한다. 잠재적으로 유익한 상호작용과 관계로는 공식행사 참석, 병문안, 스트레스 받는 상황 또는 전문가 단체, 기관, 집단에서 변동 회원자격 관련 조력 제공 등이 있다. 감독관과 교육자는 수련생/학생과 감독 또는 훈련 역할을 벗어난 관계 시작을 고려할 때 수련생/학생과 열린 논의를 한다. 비전문적 관계를 시작하기 전에, 수퍼바이져과 교육자는 그러한 관계의 정당성, 잠재적 이익, 또는 단점, 수련생에게 예상되는 결과 등을 수련생/학생과 논의하고 문서화한다. 수퍼바이져와 교육자는 수련생/학생과의 부가적인 역할에 대한 특정한 특성과 한계를 명확히 밝힌다.

G.3.f. 이전 수련생/학생과의 관계

수퍼바이져와 교육자는 수련생/학생과의 관계에서 힘의 차이에 대해 인지한다. 수퍼바이져와 교육자는 사회적, 성적, 다른 친분 관계 시작을 고려할 때 이전 수련생/학생과 열린 논의를 지속한다. 수퍼바이져와 교육자는 이전의 관계가 어떻게 지금의 관계에 영향을 미칠 수 있는지 이전 수련생/학생과 논의한다.

G.4. 수퍼바이져 책임

G.4.a. 수퍼비젼 고지된 동의

수퍼바이져는 고지된 동의와 참여의 원칙을 자신의 수퍼비젼에 적용할 책임이 있다. 수퍼바이져는 수련생에게 적용되는 정책과 절차, 개별적 감독 행동에 대한 민원 제기 메커니즘을 당사자에게 고지한다.

G.4.b. 응급상황과 부재

수퍼바이져는 부재 시 자신 또는 위기 대처를 조력할 수 있는 연락 가능한 대안 수퍼바이져에게 연락할 수 있는 절차를 확립하고 수련생과 의사소통한다.

G.4.c. 수련생 기준

수퍼바이져는 자신의 수련생이 전문적 윤리적 기준과 법적 책임을 인지하도록 한다.

G.4.d. 감독 관계 종료

수퍼바이져 또는 수련생은 적절한 고지 하에 감독 관계를 종료할 권리가 있다. 철회 이유는 다른 당사자에게 제공된다. 문화적, 전문적 또는 다른 이유가 감독 관계의 실행가능성에 결정적일 때, 두 당사자는 차이점 해결을 위해 노력한다. 종결이 보장될 때, 수퍼바이져는 가능한 대체 수퍼바이져에 적절한 리퍼를 한다.

G.5. 학생 책임 & 평가, 교정, 지지

G.5.a. 윤리적 책임

학생/수련생은 NCDA 윤리강령을 이해하고 준수할 책임이 있다. 학생/수련생은 다른 진로전문가에게 요구되는 것과 동일한 의무를 고객에게 가진다.

G.5.b. 손상

학생/수련생은 자기 자신의 육체적, 정신적, 또는 정서적 문제로 인한 손상의 징후를 모니터링하고, 그러한 손상이 고객이나 타인에게 해를 가할 것 같을 때는 전문적 서비스 제공을 삼간다. 수련생은 자신의 교수 또는 수퍼바이져에게 알리고, 전문적 손상 수준에 도달한 문제에 대한 조력을 구하고, 필요하다면 수련생은 자신의 업무를 안전하게 다시 시작할 수 있다는 판단이 섰을 때까지 자신의 전문적 책임을 제한하고 유예하고 종결한다.

G.5.c. 전문적 공개

서비스를 제공 전에 학생/수련생은 자신의 상태를 공개하고, 현 상황이 비밀보장 제한에 어떤 영향을 미칠지 설명한다. 수퍼바이져와 교육자는 고객이 제공받는 서비스와 이러한 서비스를 제공하는 학생/수련생의 자격에 대해 인지하도록 보장한다. 학생/수련생은 훈련과정에서 상담 관계 관련한 어떠한 정보를 사용하기 전에 고객의 허가를 얻는다.

G.5.d. 평가

수퍼바이져와 교육자는 훈련 프로그램 사전 및 전반에 걸쳐 기대되는 역량 수준, 평가 방법, 역량 전반에 대한 평가시기에 대해 학생/수련생에게 명확하게 진술한다. 수퍼바이져와 교육자는 문서화하고 지속되는 성과 평가 및 사정 의견을 훈련 프로그램 전반에 걸쳐 학생/수련생에게 제공한다.

G.5.e. 제한 & 교정

진행되는 평가와 사정을 통해, 수퍼바이져와 교육자는 성취를 방해할 수 있는 학생/수련생의 제한을 인식한다. 수퍼바이져와 교육자는 필요할 때 치료적 조력을 보장함으로서 학생/수련생을 조력한다. 학생/수련생이 상담을 요청하거나, 상담서비스가 교정 과정의 일환으로 요구된다면, 교육자와 수퍼바이져는 수용 가능한 리퍼를 제공한다. 수퍼바이져와 교육자는 해당 학생/수련생이 역량 있는 전문적 서비스를 제공하기 어려울 때, 실무 세팅 또는 주에서 운영하거나 자발적인 전문 자격심사 과정이 적용된 훈련 프로그램 취소를 권장한다. 수퍼바이져와 교육자는 자문을 구하고 중단 또는 조력을 위해 학생/수련생을 리퍼하는 자신의 결정을 문서화한다. 수퍼바이져와 교육자는 학생/수련생이 상기 결정을 다룰 때 그들이 가진 선택권에 대해 인지하고 있음을 확실하게 하며, 그 학생/수련생이 조력을 요청하거나 중단을 위해 필요한 결정을 다루기 위해 시의적절한 방법의 의지처를 보장하고, 기관 정책과 절차에 따른 과정을 보장한다.

G.5.f. 학생 & 수련생과의 다중 역할/관계

학생/수련생이 상담, 진로서비스, 또는 수퍼바이져/교육자가 일상적으로 제공하는 다른 전문서비스를 요청하면, 수퍼바이져/교육자는 학생/수련생에게 수용 가능한 리퍼를 제공할 것이다. 수퍼바이져와 교육자는 보통 학생/수련생과 다중 역할/관계에 연루되지 않는다. 수퍼바이져/교육자가 학생과 수련생에게 수퍼비젼 제공에 추가하여 서비스를 제공해야 한다면, 잠재적인 갈등을 최소화하기 위해 일하며, 학생/수련생에게 각 역할에 따른 기대와 책임을 설명한다. 추가로, 수퍼바이져/교육자는 학생/수련생과의 다중 역할/관계 참여를 이 이슈가 고객에 주는 영향, 감독적 관점, 전문적 기능의 관점에서 다루어야 한다.

G.5.g. 보증

수퍼바이져와 교육자는 학생/수련생이 특정 보증에 대한 자격이 충분하다고 믿을 때만 자격증, 면허증, 고용 또는 학문적 또는 훈련 프로그램을 완료를 위해 학생/수련생을 보증한다. 추가로, 수퍼바이져/교육자는 자격증, 면허증, 고용 또는 학문적 또는 훈련 프로그램 완료에 검증된 학생/수련생을 학생 또는 전문가적합성과 관련 없는 어떤 이유로 보증을 붙잡고 있지 않는다. 자격에도 불구하고, 수퍼바이져/교육자는 승인과 관련된 의무 수행을 방해할 수 있는 어떤 방면에서도 손상되었다고 믿는 학생/수련생을 보증하지 않는다.

G.6 교육자의 책임

G.6.a. 교육자

교육 프로그램의 발달, 실행, 감독에 책임이 있는 교육자들은 교사와 실무자로 숙련된다. 그들은 전문가의 윤리적, 법적, 조절 측면에 관련하여 지식을 습득하고, 해당 지식을 적용하는 데 훈련되며, 학생/수련생이 그들 자신의 책임을 인지하도록 만든다. 교육자는 윤리적 매너 분야에서 교육과 훈련 프로그램을 수행하고, 전문적 행동의 롤모델 역할을 한다. 교육자 또는 수퍼바이져로 활동하는 진로전문가는 자신의 지식과 역량의 영역 내에서 지침을 제공하고, 전문 분야에서 얻을 수 있는 최신의 정보와 지식에 근거하여 지시를 한다. 지시 사항 전달을 위해 기술을 사용할 때, 교육자는 기술 사용 분야의 역량을 개발한다.

G.6.b. 연구와 실무의 통합

교육자는 학문적 연구와 감독된 실무를 통합하는 교육 및 훈련 프로그램을 개발한다.

G.6.c. 교육 윤리

교육자는 학생/수련생이 전문가의 윤리적 책임과 기준, 전문영역에 대한 학생의 윤리적 책임에 대해 잘 인지하도록 해야 한다. 교육자는 커리큘럼 전반에 걸쳐 윤리적 고려사항들을 다룬다.

G.6.d. 동료 관계

교육자는 학생/수련생이 진로 집단을 이끌거나 수퍼비젼을 제공할 때, 동료의 권리가 타협되지 않기 위한 모든 노력을 기울인다. 교육자는 학생과 수련생이 교육자, 훈련자, 수퍼바이져와 동일한 윤리적 의무를 가지고 있다는 것을 확실하게 이해하는 단계를 밟는다.

G.6.e. 혁신적 이론 및 기법

교육자가 경험적 근거 또는 기반이 잘 갖춰진 이론적 근거가 없는 혁신적 기술/절차를 가르칠 때, 그것을 "검증되지 않은" 또는 "개발 중인" 기술/절차로 규정하고, 그것을 사용할 때의 잠재적 위험과 윤리적 고려사항들을 학생들에게 설명한다.

G.6.f. 현장 배치

교육자는 현장 배치와 다른 실무 경험 관련한 자신의 교육 프로그램에서 명확한 정책을 개발한다. 교육자는 학생/수련생, 사이트 수퍼바이져, 프로그램 수퍼바이져를 위해 명확하게 언급된 역할과 책임을 제시한다. 교육자는 사이트 수퍼바이져가 수퍼비젼을 제공할 자격이 있음을 확인하고, 사이트 수퍼바이져에게 해당 역할에 해당하는 전문적, 윤리적 책임을 공지한다. 추가적으로, 교육자는 학생/수련생 배치를 위한 사이트로부터 어떤 형태의 전문적 서비스, 비용, 커미션, 변상, 보수를 수령하지 않는다.

G.7 학생복지

G.7.a. 오리엔테이션

교육자는 오리엔테이션이 학생 교육과 훈련 전반에 걸쳐 계속되는 발달적 과정임을 인식한다. 교수진은 미래와 현재의 학생에게 다음의 내용을 포함하는 교육적 프로그램 기대 관련한 정보를 제공한다.

1. 기술과 지식 획득의 유형과 수준은 훈련의 성공적인 종결에 필요
2. 훈련 프로그램 목표, 목적, 임무, 기술 요구사항을 포함하여 다루어야 할 중요 주제
3. 평가 기준
4. 자기 성장을 촉진하는 훈련 구성요소 또는 교육 과정의 일부로서 자기 공개
5. 수퍼비젼 설정의 유형 및 요구된 임상 현장 경험을 위한 사이트의 요건
6. 학생/수련생 평가 및 중단 정책과 절차
7. 졸업생 대상 최신 고용 전망 및 그들이 해당 영역에서의 기회를 인식하게 하는 진로 조언

G.7.b. 자기-성장 경험

교육 프로그램은 입학과 프로그램 구비요건 중 자기-공개 또는 자기-성장 경험을 위한 필요요건을 설명한다. 교육자는 학생/수련생의 자기-성장 또는 자기-공개가 필요한, 자신이 수행하는 훈련 경험을 디자인 할 때, 전문적 판단을 활용한다. 교사, 훈련자, 수퍼바이져로서의 진로전문가의 주요 역할은 전문영역에 대한 윤리적 의무를 지키는 것을 요구할 때, 학생/수련생은 스스로의 자기-공개가 가져올 파장에 대해 인식하도록 안내되어야 한다. 실험적 훈련 활동의 평가적 구성요소들은 학생들의 자기-공개 수준에 의존하지 않고, 분리된 사전 결정된 학문적 기준을 직접적으로 설명한다. 교육자와 수퍼바이져는 그들의 역량에 영향을 미칠 수 있는 어떤 개인적 염려를 다루기 위한 전문적 도움을 찾는 학생/수련생을 필요로 한다.

G.8. 교육과 훈련 프로그램에서 다문화/다양성 역량

G.8.a. 교수진 다양성
교육자는 다양한 교수진을 채용하고 보유하는 데 전념한다.

G.8.b. 학생 다양성
교육자는 적극적으로 다양한 학생 채용과 보유를 시도한다. 교육자는 다양한 문화와 학생이 훈련 경험에 가져오는 능력의 유형을 인지하고 가치를 둠으로써 다문화적 다양성 역량에 대한 헌신을 보여준다. 교육자는 다양한 학생의 웰빙과 학문적 성취를 증진하고 지지하는 적절한 협상을 제공한다.

G.8.c. 다문화/다양성 역량
교육자는 자신의 훈련과 수퍼비전 실무에 있어서 다문화/다양성 역량을 적극적으로 반영한다. 그들은 다문화 실무 역량 관련한 인식, 지식, 기술을 얻기 위해 적극적으로 학생을 훈련한다.

섹션 H: 연구와 출판

도입
연구를 수행하는 진로전문가는 전문영역의 지식 기반에 기여하고 건강하고 보다 공정한 사회로 이끄는 특정 조건에 대한 보다 명확한 이해를 증진하는 것이 권장된다. 진로전문가는 온전히 또는 가능할 때마다 기꺼이 참여하여 연구자의 노력을 지지한다. 진로전문가는 연구를 디자인하고 적용하는 데 편견을 최소화하고 다양성을 존중한다.

H.1. 연구 책임

H.1.a. 인간 연구참가자의 활용

진로전문가는 정확한 윤리적 원칙, 모든 적용 가능한 연방, 주, 지역 법령, 법, 규정, 절차, 호스트 기관 규정, 인간 연구참여자와의 연구를 지배하는 과학적 표준에 부합하는 방식으로 연구를 계획, 설계, 수행 및 보고한다.

H.1.b. 연구와 검토 요구

진로전문가는 자신이 고객에게 제공하는 서비스의 주기적인 평가에 기여할 의무를 갖는다. 자신이 사용하는 개입, 기술, 서비스 전달 방법은 근거-기반 실무를 설립하기 위해 평가되어야 한다. 진로전문가는 또한 정기적으로 평가와 자신의 전문분야 연구문헌을 검토하고, 이를 통해 자신이 고객에게 제공하는 진로서비스가 정립된 최선의 실무를 반영할 의무를 갖는다.

H.1.c. 표준 관행과의 편차

연구 문제가 표준 또는 수용 가능한 실무와의 편차를 나타낼 때, 진로전문가는 자문을 구하고 연구참여자의 권리를 보호하기 위한 엄중한 세이프가드를 관찰한다.

H.1.d. 독립적 연구자

진로전문가가 독립적 연구를 수행하고, IRB(Institutional Review Board)에 접근하기 어려울 때, 진로전문가는 자기 연구의 계획, 설계, 수행, 보고에 관련된 동일한 윤리적 원칙과 연방과 주의 법을 준수할 의무가 있다. 독립적 연구자가 IRB에 접근이 어려울 때, 적절한 세이프가드를 제공하기 위해 IRB 절차에 익숙한 연구자에게 문의해야 한다.

H.1.e. 부상 방지를 위한 예방책

인간 참여자와 연구를 수행하는 진로전문가는 연구 과정 전반에 걸쳐 참여자 복지에 책임이 있고, 참여자에게 손상을 주는 심리적, 정서적, 육체적 사회적 영향을 막기 위한 합리적인 예방책을 취해야 한다.

H.1.f. 수석 연구자 책임

윤리 연구 수행에 대한 궁극적인 책임은 수석 연구자에게 있다. 연구 활동에 연관된 모든 다른 사람들은 자기 자신의 행동에 대한 윤리적 의무와 책임을 공유한다.

H.1.g. 최소 간섭

진로전문가는 연구 참여로 인해 야기될 수 있는 연구참여자 삶의 파괴가 야기되는 것을 막기 위해 합리적인 예방 조치를 취한다.

H.1.h. 연구 시 다문화/다양성 고려사항

연구 목적에 적절할 때, 진로전문가는 문화적 고려사항들을 참작한 연구 절차를 따르는 것에 민감하여야 한다. 진로전문가는 적절할 때 자문을 구한다.

H.2. 연구참여자의 권리

H.2.a. 연구 시 고지된 동의

개인은 연구 참여 요청을 거절할 권리가 있다. 동의를 구할 때, 진로전문가는 다음과 같은 언어를 사용한다.

1. 향후 진행될 목적과 절차를 정확하게 설명한다.
2. 실험적이거나 상대적으로 덜 시행된 모든 절차를 밝힌다.
3. 모든 참가자의 불편함, 위험, 연구자와 참여자 간 잠재적 힘의 차이를 기술한다.
4. 합리적으로 예상할 수 있는 개인 또는 기관의 이익이나 변화를 기술한다.
5. 참여자에게 이익을 줄 수 있는 적절한 대안적 절차를 공개한다.
6. 연구 절차 관련 모든 질문에 답변한다.

7. 모든 비밀보장 제한사항을 설명한다.

8. 연구 결과의 보급을 위한 형식과 잠재적인 목표 대상을 설명한다.

9. 참가자들에게 어떠한 벌칙 없이 프로젝트 어느 때나 자유롭게 동의를 철회하고 참여를 중단할 수 있음을 알린다.

H.2.b. 기만

진로전문가는 대안적 절차가 실현가능하지 않고, 연구의 향후 가치가 기만을 정당화하지 못한다면, 기만에 관련된 연구를 수행하지 않는다. 그러한 기만이 연구참여자에게 육체적, 또는 정서적 해를 유발할 잠재성을 갖는다면, 향후 가치에도 불구하고 해당 연구는 수행되서는 안 된다. 연구의 방법론적인 필요요건이 숨김과 기만을 포함할 때, 조사자는 그 행동에 대한 이유를 보고 중에 최대한 빨리 설명한다.

H.2.c. 학생/수련생 참여

연구에 학생/수련생을 참여시키는 연구자는 연구 활동 참여여부 관련 결정이 개인의 학문적 입지 또는 감독적 관계에 영향을 미치지 않음을 그들에게 분명히 해야 한다. 교육적 연구에 참여하지 않기로 결정한 학생 또는 수련생은 자신의 학문적 또는 다른 요구조건을 충족시키기 위한 적절한 대안을 제공받아야 한다.

H.2.d. 고객 참여

고객 관련 연구를 수행하는 진로전문가는 고객이 연구 활동에 참여할지 말지를 자유롭게 선택할 수 있는 고지된 동의 과정을 분명히 해야 한다. 진로전문가는 참여 거절 또는 철회의 불리한 결과로부터 고객을 보호할 필요한 예방대책을 취한다.

H.2.e. 정보의 비밀보장

조사 과정 동안 연구참여자에 대해 얻은 정보는 비밀이 보장된다. 절차는 비밀 보장을 보호하기 위해 적용된다.

H.2.f. 고지된 동의 능력이 없는 사람

개인이 고지된 동의를 할 수 없을 때, 진로전문가는 참가 동의를 얻기 위해, 법적으로 공인된 사람에게 적절한 동의를 얻기 위해 적절한 설명을 제공한다.

H.2.g 참여자에 대한 헌신

진로전문가는 연구참여자의 모든 헌신을 존중하기 위해 합당한 조치를 취한다.

H.2.h. 데이터 수집 후 설명

데이터가 수집된 후, 진로전문가는 참여자가 혹 이 연구에 대해 가질 수 있는 모든 오해를 제거하기 위해 참여자들에게 연구의 본질에 대한 전반적으로 명확하게 설명한다. 과학적이거나 인간적 가치는 정보의 지연이나 보유를 정당화하고, 진로전문가는 해를 끼치는 것을 피하기 위해 타당한 절차를 밟는다.

H.2.i. 후원자 고지

진로전문가는 연구 절차와 결과에 관한 후원자, 기관, 공적 채널에 관한 정보를 제공한다. 진로전문가는 적절한 몸체와 심의가 적절한 정보와 지식이 제공되었음을 보장한다.

H.2.j. 연구 문서와 기록의 폐기

연구 프로젝트 또는 연구 종결 이후 타당한 기간 내에, 진로전문가는 적용 가능한 연방, 주, 지역, 기관 법령, 법, 규정, 절차에 합당하게 연구참여자 신원이 드러나는 기밀 데이터 또는 정보를 포함하는 기록과 문서(오디오, 비디오, 디지털, 문서)를 파괴하기 위한 단계를 밟는다. 기록이 예술적 특성을 지니고 있을 때, 연구자는 상기 기록 또는 문서를 다루는 것에 대하여 참여자 동의를 얻는다. 진로전문가는 특히 모든 사람이 기록을 유지함으로써 이득을 얻을 거라는 타당한 예상이 되지 않을

때, 자신의 파일을 연방, 주, 지역, 기관 법령, 법, 규정, 절차에서 요구
하는 시간 스케줄에 따라 폐기할 것이 권장된다.

H.3. 연구참여자와의 관계(심층적이고 장시간의 상호작용이 요구되는 연구 시)

H.3.a. 비전문적 관계

연구참여자와의 비전문적 관계는 참여자의 정서적 건강에 해로울
수 있는 이중 관계와 역할 혼동을 야기할 수 있으므로 피해야 한다.

H.3.b. 연구참여자와의 관계

진로전문가/연구자와 현재 연구참여자 사이의 성적 또는 로맨틱한
상호작용 또는 관계는 금지된다.

H.3.c. 추행 및 연구참여자

연구자는 연구참여자를 방치하거나 성적 또는 다른 추행의 대상으
로 여기지 않는다.

H.3.d. 잠재적으로 유익한 상호작용

연구자와 연구참여자 간 비전문적 상호작용이 잠재적으로 유익할
때, 연구자는 해당 상호작용 전에(실행가능할 때) 그러한 상호작용의 근
거, 잠재적 이득, 연구참여자에게 기대되는 결과를 반드시 문서화한다.
그러한 상호작용은 연구참여자의 적절한 동의와 함께 시작되어야 한다.
비전문적인 상호작용 때문에 비의도적인 해가 연구참여자에게 일어나
는 곳은, 연구자가 그러한 해를 치유하려는 노력의 증거를 보여주어야
한다.

H.4. 결과 보고

H.4.a. 정확한 결과

진로전문가는 연구의 계획, 수행, 보고를 정확히 한다. 그들은 자신의 데이터와 대안적 가정의 제한점에 대한 전체적으로 논의를 한다. 진로전문가는 잘못 진행되거나 기만적인 연구, 데이터 왜곡, 데이터의 잘못전달, 결과에 대한 고의적인 편견에 연루되지 않는다. 그들은 연구결과 또는 데이터의 해석에 영향을 미칠 수 있다고 조사자에게 알려진 모든 변수와 조건을 직접적으로 언급한다. 그들은 어떤 결과가 다양한 집단에 적용가능한지의 정도를 설명한다.

H.4.b. 불리한 결과 보고 의무

진로전문가는 전문적 가치에 대한 모든 연구 결과를 보고한다. 기관, 프로그램, 서비스, 우세한 선택권, 또는 확정된 흥미에 호의적이지 않는 결과를 미제출하지 않는다.

H.4.c. 보고 오류

진로전문가가 자신이 출판한 연구에서 중대한 오류를 발견했다면, 오자 수정 같은 상기 오류를 정정하기 위해 합당하거나 다른 적절한 출판 수단을 통한 절차를 밟는다.

H.4.d. 참가자 신원

데이터를 제공하고, 다른 사람의 연구를 지원하고, 연구 결과를 보고하며, 활용가능한 원자료를 작성하는 진로전문가는 참여자가 다르게 할 수 있는 특정 승인이 없는 경우 개별 연구참여자의 신원을 감추는 데 신경을 쓴다. 참여자가 탐구 연구에 자신이 한 참여를 스스로—신원 파악 가능한 상황에서, 연구자는 데이터가 모든 당사자의 신원과 복지를 보호하기 위해 활용/변경되고, 결과에 대한 논의가 참여자에게 어떠한 해를 끼치지 않는다는 것을 보장하기 위해 적극적인 단계를 밟는다.

H.4.e. 반복 연구

진로전문가는 해당 연구를 반복하길 원하는 공인된 전문가에게 충분한 원 연구 데이터를 이용 가능하도록 할 의무가 있다.

H.5. 출판

H.5.a. 기여도 인식

연구의 수행 및 보고 시 진로전문가는 해당 주제에 대한 이전 작업에 대해 능숙해야 하고, 인식을 제공하고, 저작권을 살펴보며, 신용을 주어져야 하는 사람들에게 신용을 준다.

H.5.b. 표절

진로전문가는 표절을 하지 않는다. 즉 그들은 다른 사람의 작업을 자기 것으로 나타내지 않는다.

H.5.c. 데이터 또는 아이디어 검토/재출판

진로전문가는 검토 또는 출판을 위해 아이디어 또는 데이터가 제출된 곳의 편집 검토자가 해당 아이디어나 데이터의 이전 출판을 충분히 인정하고, 알고 있도록 한다.

H.5.d. 기여자

진로전문가는 공동저자, 감사의 글 서문, 주석 언급, 또는 다른 적절한 수단을 통해 연구 또는 개념 개발에 현저하게 공헌한 사람들에게 그러한 기여수준에 합당한 기여를 인정한다. 주요 공헌자는 첫 번째 언급하고, 적은 수준의 기술적 또는 전문적 공헌은 각주나 서문에 감사를 표현한다.

H.5.e. 기여 동의

동료 또는 학생/수련생과 공동 연구를 수행하는 진로전문가는 사전에 업무 분장, 출판권리, 받게 될 감사의 유형에 관한 동의를 만든다.

H.5.f. 학생 연구

잠재적으로 학생의 과정논문, 프로젝트, 학위논문, 논문 등에 기반한 잠재적인 매체상의 원고 또는 전문적 발표는 학생의 허가가 있을 때만 사용되며, 해당 학생은 주저자로 표기한다.

H.5.g. 중복 투고

진로전문가는 한번에 단지 하나의 학회지에 고려중인 원고를 투고한다. 다른 학회지 또는 출판물에 전 부분 또는 하위 일부분이 출판된 원고는 이전 출판의 승인과 허가 없이는 출판을 목적으로 제출되지 않는다.

H.5.h. 전문적 검토

출판, 연구 또는 다른 학문적 목적으로 제출한 원고를 검토하는 진로전문가는 그것을 제출한 사람의 비밀보장 및 적절한 권리를 존중한다. 진로전문가는 타당하고 방어 가능한 기준에 근거하여 출판을 결정할 때 주의를 기울인다. 진로전문가는 제출된 원고를 연구방법 영역과 역량에 근거하여 적절한 방법으로 검토한다. 편집자 또는 출판자의 요구로 검토자로 봉사하는 진로전문가는 자신의 역량 범위 내에 있는 원고만을 검토하기 위해 모든 노력을 기울여야 하며, 개인적 편견을 피하기 위해 주의한다.

섹션 I: 윤리문제해결

도입

진로전문가는 전문적인 업무 수행 시 법률, 윤리적, 도덕적 방법으로 행동한다. 그들은 전문영역에서 고객 보호와 신뢰가 수준 높은 전문적 행동에 달려있다는 것을 인지한다. 그들은 다른 진로전문가들이 같은 기준을 갖도록 하며, 이 기준들이 준수되는지를 보장하기 위해 기꺼이 적절한 행동을 취한다. 진로전문가는 윤리적 딜레마를 해결하기 위해 연관된 모든 당사자 간 직접적이고 열린 의사소통을 활용한 작업을 하고, 필요할 때 동료와 수퍼바이져의 자문을 구한다. 진로전문가는 윤리적 업무 수행을 자신의 일상 업무에 통합한다. 그들은 전문영역의 윤리적 법적 이슈에 대한 최신의 토픽 관련하여 지속적인 학습과 발달을 지속한다.

I.1 지침과 법률

I.1.a. 지식

진로전문가는 NCDA 윤리강령과 다른 전문가 기관, 또는 자신이 회원이거나 또는 주 또는 활동영역에서의 실무수행을 관장하는 자격증과 면허증 발급 기관 유래의 적용 가능한 윤리강령을 이해한다. 진로전문가는 그들이 모든 적용 가능한 연방, 주, 지역, 기관 법령, 법, 규정, 절차를 인지하고 있으며, 준수한다는 것을 보장한다. 지식의 부족 또는 윤리적 책임의 잘못된 이해는 비윤리적 행동의 책임을 방어하지 않는다.

I.1.b. 윤리와 법 사이의 갈등

윤리적 책임이 법, 규정, 또는 기타 정부의 법적 권한과 상충한다면, 진로전문가는 NCDA 윤리강령에 대한 준수 노력을 알리고, 해당 갈등을 풀기 위한 조치를 취한다. 해당 갈등이 NCDA 윤리강령 관련 원칙의 고지와 토론에 의해 해결될 수 없다면, 진로전문가는 모든 적용 가능한 연방, 주, 지역, 기관 법령, 법, 규정, 절차의 필수요건을 준수해야 한다.

I.2. 의심되는 폭력

I.2.a. 기대되는 윤리적 행동

진로전문가는 동료들이 NCDA 윤리강령을 준수할 것을 기대한다. 진로전문가가 다른 진로전문가가 윤리적 방법으로 활동했는지 여부에 의심을 불러일으키는 지식을 보유하고 있을 때, 그들은 I.2.b-I.2.g.에 제시된 예로 적절한 조치를 취한다.

I.2.b. 비공식적 해결

진로전문가가 다른 전문가가 윤리적 기준을 위반하고 있거나, 위반했다고 믿을만한 근거가 있을 때, 그들은 먼저 해당 이슈를 다른 진로전문가와 비공식적으로 해결하려는 시도하고, 가능하다면, 제공된 그러한 조치는 연관될 수 있는 비밀보장 권리를 위반하지 않는다.

I.2.c. 윤리 위반 보고

명백한 위반행위가 개인 또는 기관에 실질적으로 해를 입혔거나 또는 입힐 가능성이 있고, 비공식적인 해결에 적절하지 않거나, 적절하게 해결되지 않는다면, 진로전문가는 해당 상황에 적합한 추가 조치를 취한다. 그러한 행동은 전문가 윤리 관련 주 또는 국가 위원회, 자발적 국가 인증 단체, 주 면허인증 위원회, 법적 구속력 또는 다른 적합한 기관청에 리퍼하는 것이 포함된다. 이러한 기준은 개입이 비밀보장 권리를 위반하거나, 진로전문가가 의문이 야기된 행동을 한 다른 진로전문가의 업무를 검토 중일 때는 적용되지 않는다.

I.2.d. 자문

특정 상황 또는 일련의 행동이 NCDA 윤리강령을 위반했는지 여부가 불확실한 경우, 진로전문가는 윤리와 NCDA 윤리강령에 박식한 다른 사람, 동료, 또는 적절한 기관의 자문을 받는다.

I.2.e. 조직 갈등

진로전문가가 소속되어 있는 조직의 요구가 NCDA 윤리강령과 상충된다면, 진로전문가는 해당 갈등의 본질을 특정하고, 자신의 수퍼바이져나 다른 책임 있는 공식기관에 자신의 NCDA 윤리강령 헌신 노력을 표현한다. 가능하다면, 진로전문가는 조직 내에서 NCDA 윤리강령을 온전히 준수하도록 하기 위한 변화를 위해 노력한다. 그렇게 하는 과정에서 그들은 깨어있어야 하고 모든 비밀보장 이슈를 다루어야 한다.

I.2.f. 보증되지 않은 민원

진로전문가는 혐의를 벗게 해 줄 사실의 신중하지 못한 경시 또는 의도적인 무시에서 기인한 윤리적 민원 제기를 시작하거나, 참여하거나, 장려하지 않는다.

I.2.g 민원과 응대에 대한 부당한 차별

진로전문가는 단지 자신이 윤리적 민원이 대상이 되어 왔거나, 되고 있는 것에 근거하여, 고용, 승진, 학문적이거나 다른 프로그램의 입학, 정년, 또는 홍보를 거부하지 않는다. 이것은 다른 적절한 정보의 처리 또는 고려의 결과에 근거하여 조치를 취하게 한다.

I.3. 윤리위원회와의 협력

진로전문가는 NCDA 윤리강령의 공고화 과정을 조력한다. 진로전문가는 NCDA 윤리위원회 또는 다른 법제화된 협회의 윤리위원회, 위반에 책임이 있는 대상에 대한 사법권을 가지는 면허/자격 이사회의 조사, 처리, 요구에 협력한다. 진로전문가는 윤리 위반의 민원처리를 위한 NCDA 정책과 절차에 익숙해야 하며, 그것을 NCDA 윤리강령의 강화를 조력하기 위한 근거로 사용한다.

────── 저자소개

Julia Panke Makela, PhD, NCC
일리노이 대학 PhD, 고등교육 전공
NCDA 윤리위원회 회장 역임
2007년, 2015년 NCDA 윤리강령 개정 작업 진행

Jessamyn Perlus, M.S.,
일리노이 대학 박사과정 상담심리학 전공

───── 역자소개

양명주(梁明珠 Yang, MyungJu)

숙명여자대학교 교육상담 박사(Ph.D.) 진로상담 Specialty
미국 진로발달협회 공인 진로상담사(NCDA GCDF)
한국 직업상담사 1급 및 임상심리사 2급
한국외국어대학교 및 서울대학교 경력개발센터 진로상담사
서울지방고용노동청 전임직업상담사
건국대학교 연구전임 조교수
현재 서경대학교 교양대학 소속

주요 저서 및 논문
[학술지]
양명주(2020). 진로정서조절 척도 타당화 연구. 진로교육연구, 33(3), 47~65.
양명주(2020). 대학생 직업인성척도 개발 및 타당화 연구. 직업능력개발연구, 23(2), 149~179.
양명주(2020). 전직지원서비스 전문가가 인식하는 윤리적 딜레마 요인 탐구. 진로교육연구, 33(2), 1~21.
양명주(2020). 재직근로자의 전직지원서비스 요구에 대한 개념도 연구, 평생학습사회, 16(1), 53~78.
양명주(2019). 대졸 신입사원에게 필요한 직업인성에 대한 재직근로자의 인식 탐구, 취업진로연구, 9(3), 137~159.
양명주(2018). 진로, 취업상담 관련 종사자의 윤리위반에 대한 대학생 인식 탐구. 진로교육연구, 31(4), 113~133.
양명주, 김봉환(2018). 대학생 진로정서조절 척도 개발 및 타당화 연구. 진로교육연구, 31(3), 83~113.
양명주, 김가희, 김봉환(2016). 대학 진로·취업 상담자가 지각하는 윤리적 딜레마에 관한 개념도연구, 상담학연구, 17(2), 101~119. (2016년 「상담학연구」 우수논문 선정)
양명주, 김봉환(2015). 한국대학생의중소기업입사기피를유발하는 정서·성격적 요인 탐색, 5(2), 1~28.

[저서]
양명주(2016). 친절한 자기소개서 작성법(개정증보판). 서울: 나비의 활주로.
양명주(2014). 친절한 자기소개서 작성법. 서울: 나비의 활주로.

진로상담 윤리: 이론과 사례 연구

초판발행	2021년 2월 28일
지은이	Julia Panke Makela · Jessamyn G. Perlus
옮긴이	양명주
펴낸이	안종만 · 안상준
편 집	조보나
기획/마케팅	장규식
표지디자인	벤스토리
제 작	고철민 · 조영환
펴낸곳	(주) **박영사**
	서울특별시 금천구 가산디지털2로 53, 210호(가산동, 한라시그마밸리)
	등록 1959. 3. 11. 제300-1959-1호(倫)
전 화	02)733-6771
f a x	02)736-4818
e-mail	pys@pybook.co.kr
homepage	www.pybook.co.kr
ISBN	979-11-303-1214-9 93180

* 파본은 구입하신 곳에서 교환해 드립니다. 본서의 무단복제행위를 금합니다.
* 역자와 협의하여 인지첩부를 생략합니다.

정 가	18,000원